0112475112879

V

MI ESQUIZOFRENIA

KLAUS GAUGER

Mi esquizofrenia

Traducción de
Carmen Gauger

Herder

Título original: Meine Schizophrenie
Traducción: Carmen Gauger
Diseño de la cubierta: Gabriel Nunes

© 2018, *Herder Verlag GmbH, Friburgo de Brisgovia*
© 2019, *Herder Editorial, S. L., Barcelona*

ISBN: 978-84-254-4288-9

Imprenta: Qpprint
Depósito legal: B-15.647-2019
Impreso en España - Printed in Spain

Herder
www.herdereditorial.com

ÍNDICE

CON-VIVIR CON LA PSICOSIS

Jorge L. Tizón

Este libro de Klaus Gauger —que se enmarca en la parte de la colección 3P dedicada a describir las experiencias y vivencias acerca del trastorno psicótico y sus consecuencias— representa una oportunidad para que quien lo lea pueda acercarse a esas dificultades humanas desde una perspectiva más integral, más global, que es en último término el objetivo fundamental de la colección. Además, porque puede resultar especialmente útil a aquellas personas con sufrimientos psicóticos y sus familiares. Sin desdeñar, desde luego, su posible utilidad para los profesionales de los servicios sociales, comunitarios y, por supuesto, para especialistas de los medios de comunicación, planificadores y políticos.

Si hace unas décadas, para quien quería adentrarse en el conocimiento de las vivencias de las psicosis, los libros *La esquizofrenia incipiente* de Konrad,[1] *El Yo dividido* de Laing[2] o *El delirio, un error necesario* de Carlos Castilla[3] representaban una puerta de entrada, el libro de los Gauger (pues en él participan varios miembros de la familia) sin duda significará lo mismo en estos años y en el futuro.

Desde ya quiero indicar uno de los valores del libro que, al menos de entrada, tal vez no sea tenido muy en cuenta: se trata de su valor narrativo. Sin faltar a la veracidad, su principal valor. Su escritura indica una cierta técnica narrativa y literaria, a la que seguro no es ajeno Klaus, por sus estudios y formación, y tal vez también por la de sus padres. Por eso, el libro puede ser recomendado incluso como una novela (dura y realista), como la narración de un viaje. Ciertamente de un viaje «iniciático», al estilo de tantas publicaciones «antipsiquiátricas» sobre la «locura» y la «metanoia»;[1] como uno de esos viajes estimados y narrados de la Generación Beat, bien conocida por Gauger… En muchos momentos el lector podrá sentirse inmerso en las peripecias (internas y externas) de Klaus y deseoso de saber cómo sale de algunos atolladeros y continúa con su viaje.

Ese es tan solo uno de los valores, uno de los resultados que Gauger ha logrado con su arrojo al escribir sobre estos temas, sobre su propia «esquizofrenia». Y como preámbulo a las páginas que siguen, quiero decir que, para mí, la narración de Klaus posee también otros valores que tal vez unos lectores perciban, aunque otros probablemente no logren hacerlo. Al agruparlos, con ello trato de contextualizar el libro, algo que me siento obligado a hacer como prologuista de cada volumen de la colección 3P.

A nivel técnico valoro, como profesional, la utilidad que puede tener el libro para los sujetos en sufrimiento psicótico o que temen padecer ese sufrimiento ellos mismos o por parte de sus familiares y allegados, pues describe muy bien en qué consiste la psicosis paranoide o al menos esa evolución que suele rotularse como «esquizofrenia paranoide». Como profesionales interesados por la prevención y los cuidados precoces en salud, y como ciudadanos solidarios, algunos pensamos que para los cuidados preventivos, para los cuidados precoces, es fundamental conocer de cerca, «desde dentro», en qué consiste la psicosis. Por un lado, para que no siga siendo en nuestras sociedades supuestamente desarrolladas una «compañera repudiada».[4] En consecuencia, para una renovación de su tratamiento o cuidados, que han de basarse en la atención comunitaria, pero integrando varios sistemas de cuidados «adaptados al sujeto y su familia en la comunidad»: lo que nosotros llamamos el Tratamiento Integral Adaptado a las Necesidades de la Familia en la Comunidad (TIANC),[5] siguiendo las ideas del modelo escandinavo NAT (Need Adapted Treatment), desarrollado por nuestros amigos y coautores de esta colección Yrjo Alanen,[6] Johan Cullberg y Jukka Aaltonen.[6,7]. Por eso hemos incluido en la colección títulos como el de Hardcastle *et al.* sobre las vivencias en los ingresos psiquiátricos;[8] el de Williams, acerca de las vivencias del sufrimiento mental grave en la infancia;[9] el de Jackson y Magagna, sobre el sufrimiento psicótico en personalidades excepcionales;[10] o el de Saraceno,[11] que en último término trata del sufrimiento y las contradicciones de los planificadores de la salud mental.

Como consecuencia de esa transmisión veraz de la experiencia y de las vivencias de la psicosis paranoide, pienso que el libro de Gauger puede poseer además un valor pragmático no desdeñable: servir como ayuda al autodiagnóstico, al autoconocimiento del sujeto con crisis psicóticas y de su familia, algo que después puede complementarse con sistemas o herramientas más influenciados por los conocimientos científico-técnicos actualizados. Me refiero a procedimientos como los que describe Morrison en esta colección[12] o yo mismo en dos de los volúmenes[5,13] orientados todos ellos a la autocomprensión del sujeto con psicosis y su familia.

A nivel técnico, para los profesionales que lean este libro puede representar, estoy seguro, una visión o perspectiva más vivencial de la psicosis y la esquizofrenia que la que suelen darles durante su formación en gran parte de los países «desarrollados» del mundo. A menudo, tal formación y entrenamientos se hallan consciente y voluntariamente alejados de las vivencias de estas personas y de la comprensión y empatía con ellas, como una y otra vez lo remarcan aquí tanto Klaus como su padre. Aunque ellos no lo digan así, en último término están reivindicado también la utilización de otros modelos de psicopatología y psiquiatría. En particular, de una psicopatología que tenga en cuenta las relaciones humanas, tanto en sus teorías como en sus prácticas; de una psicopatología basada en la relación, trabajo al que hemos dedicado los últimos años.[15] Para los profesionales de formación más biologista o incluso *biocomercial* podría serles de gran utilidad personal acercarse a estas vivencias. Pero hay muchos profesionales y técnicos comunitarios que, con este libro, podrán ilustrarse sobre otro aspecto de ese trastorno y de sus repercusiones sociales: percibir el verdadero poder, las grandes capacidades intrusivas, organizadoras y al mismo tiempo desorganizadoras de la delusión, del delirio paranoide, así como de los mecanismos que dan lugar al delirio paranoide: la des-integración del *self*, de la identidad, el poder de la proyección, la des-identificación por proyección, la escisión y la disociación, de los aspectos maníacos y disruptivos del delirio paranoide no confrontado, tratado o contenido…

La narración de los Gauger cumple, a mi entender, otro papel sumamente interesante: nos sirve para rastrear la ideología que rodea aún hoy a las psicosis, incluso en las clases acomodadas y cultas europeas. En el libro, Klaus Gauger, a pesar de sus sufrimientos, y en parte por ellos, muestra directamente todo el poder de la *ideología biocomercial* sobre nuestras sociedades: en su consideración de la «esquizofrenia» como una «enfermedad» y no, por ejemplo, como «una reacción humana extrema ante dificultades biológicas, psicológicas y/o psicosociales extremas»[13] o incluso un trastorno biopsicosocial resultado de una psicosis mal tratada;[14] en su hipervaloración de las psicofármacos, que a veces considera la única terapia, pero que en numerosos momentos de su vida rechaza; en su desvalorización de la psicoterapia y las ayudas psicoterapéuticas que, sin embargo, busca en decenas de ocasiones… Toda una serie de temas que al lector asiduo de esta colección pueden parecerle contradictorios con muchos otros volúmenes que forman parte de ella. Sin embargo, como he insistido en varias ocasiones, nuestro conocimiento de la psicosis sigue siendo hoy tan primitivo que no podemos desdeñar ninguna de las perspectivas, ni soslayar un escrito porque utilice términos que no sean los nuestros o que incluso estén siendo criticados por investigadores y autores internacionales.[14] Lo realmente importante es lo que los autores transmiten y que ello nos proporcione una mayor cercanía, bien vivencial, bien teórico-técnica, a las psicosis y a sus consecuencias.[4]

Porque el gran valor del libro, o al menos el motivo fundamental por el que lo hemos incluido en nuestra colección, es su poder ilustrativo: desde las propias experiencias y vivencias, la familia Gauger nos recuerda frecuentes errores que deberíamos desaconsejar o no cometer en tales situaciones. Puesto que ya los he tratado ampliamente en otros libros sobre el tema incluidos en la colección 3P,[5,13] permítanme nombrarlos aquí al menos de entrada con los términos que allí utilizo (que son míos y no de Gauger, desde luego): los «principios pragmáticos» del «mas fuele peor»; la necesidad de la ayuda sistemática a la familia en varios ámbitos y, entre ellos, en sus sentimientos de culpa; el «pacto a tres bandas»; la importancia de la relación simbiótico-adhesiva y los efectos contraproducentes de no tenerla en cuenta desde sus primeras manifestaciones; la importancia de atender con juicio de realidad (que, por definición, está alterado en el paciente con psicosis) al *mundo externo* y, entre otras cosas, al trabajo y al tipo de trabajo, al dinero y su regulación, a la higiene, al ejercicio físico, a las drogas, a la correcta alimentación.

Vayamos por partes. Con el «principio de *mas fuele peor*» me refiero, siguiendo nada menos que a Francisco de Quevedo,[16] a la frecuente ilusión, megalomaníaca y peligrosa donde las haya, de que con un viaje, un cambio de residencia, una ruptura «decisiva» en los ámbitos afectivos, eróticos, económicos, geográficos u otros, es decir, cambiando de lugar y posición externa, va a «curarse» la «enfermedad».* Es difícil que haya un paciente o la familia de un

---

* Dice don Francisco: «Determiné, consultándolo primero con la Grajal, de pasarme a Indias con ella y ver si mudando mundo y tierra mejoraría mi suerte. Y fueme peor, como usted mismo verá en la segunda parte, pues nunca mejora

paciente con un trastorno mental grave que, en su desesperación o exasperación, no haya pensado eso mismo, o que incluso lo practique. Gauger es un ejemplo casi extremo: más de una decena de viajes, por buena parte de los países de Europa central y meridional, Estados Unidos, Canadá, Japón... Y varias veces a punto de entrar en países realmente peligrosos para un sujeto psicosocialmente vulnerable como son algunos de Extremo Oriente o de América. Con todo, es una tendencia tan marcada en estos sujetos y sus familias, que puedo asegurar que no es el caso de viajes más extremos que he visto, con ser uno de ellos. Puedo asegurar que, en mi experiencia, he encontrado personas que han viajado aún más y de forma más arriesgada, incluso en pleno episodio psicótico. El problema, como bien lo muestran Klaus y su padre, es que esas son esperanzas ilusorias, casi delirantes, basadas en procesos mentales proyectivos y disociativos que, por lo tanto, es difícil que traigan algo diferente a complicaciones y empeoramientos.

Ciertamente, para quien no haya convivido de cerca con la psicosis es asombrosa la capacidad de estos pacientes para, como suelo decir, «vivir en los intersticios de la sociedad». Es algo que Klaus muestra con claridad: viviendo semanas en cibercafés, en restaurantes de comida rápida, en estaciones de trenes, de autobús o en aeropuertos, durante trayectos en *Greyhound* por Estados Unidos, en parques, hoteles y hostales de toda clase en todo tipo de barrios, en sus tres «caminos de Santiago», etc. Pero no hay que idealizar esa realidad: supone graves peligros, graves sufrimientos y es una muestra de la «necesidad y capacidades de salir adelante» de algunas de estas personas y, al mismo tiempo, de su tendencia a la desconfianza extrema y al aislamiento social. Klaus explica muy bien y en repetidas ocasiones los pensamientos y las emociones

---

su estado quien muda solamente de lugar y no de vida y costumbres». Fragmento del final de la *Historia de la vida del Buscón, llamado Don Pablos* de Francisco de Quevedo (¿1626?).

que lo llevaban a ello. Pensamientos y emociones que él vivió en una y otra ocasión en soledad y aislamiento, soportando toda clase de estrecheces y carencias. Como muy bien decía Quevedo, esos «viajes para escapar», esos idealizados «viajes iniciáticos», tienden a suponer antes que un cambio radical y una mejora de la situación (como a menudo sueñan el paciente o su familia), más bien un empeoramiento. De ahí el pesimista «mas fuele peor».

Otro «descubrimiento» de Klaus y su familia, tras largos y tremendos sufrimientos, es la importancia de integrar a la familia en el tratamiento y de ayudarla a soportar y orientarse en esta situación. Como ellos mismos explican a través de su propia experiencia, es una visión reduccionista de la autonomía del paciente, teórica y técnicamente acomodaticia, la que hoy lleva a que muchos psiquiatras y equipos psiquiátricos se refugien en ella para evitar las dificultades que las entrevistas familiares, los grupos familiares y los grupos multifamiliares suponen en estas situaciones. Como no han sido formados para ello ni para las entrevistas familiares (¡qué barbaridad que sea así en la mayoría de los casos!), la tendencia a evitar los duros momentos que acontecen en esos encuadres está hoy muy extendida. Una evitación que puede comprenderse, pero no racionalizarse, desde luego. Porque ese apartamiento de la familia, esa disociación de los allegados, supone un sufrimiento adicional para todos, incluidos los propios profesionales, que se ven privados de otros sentimientos, otras perspectivas, otras aportaciones, y así van viendo cómo sus concepciones de la psicosis se estrechan más y más. Finalmente, eso permite que algunos puedan encontrarse tranquilos «manejando con sistemas simples a enfermos con psicosis» mediante el típico «tratamiento unidimensional»: fármacos y solo fármacos. Algo bien diferente a ayudar al sujeto y a su familia a elaborar, en la medida de lo posible, su psicosis y cada uno de sus episodios, y a encontrar (pocas veces re-encontrar) «un lugar en el mundo». Pero es que el otro tipo de trabajo, orientado a mantener en lo posible las capacidades emocionales, relacionales, sociales y laborales de estas personas puede convertirlas en pacientes más «inestables», más reivindicativos, más autónomos y auto-gestionados y, por lo tanto, menos «manejables».

En ese sentido, se entiende que se eviten las relaciones con la familia y que los sentimientos de culpa casi omnipresentes en gran parte de ellas hayan sido «marginados» de la asistencia contemporánea con el «brochazo burdo» (disociativo-proyectivo) de «no hay que culpar a la familia». Como hemos explicado en otros lugares, y los Gauger descubren por su propia experiencia, es difícil que no haya momentos en los cuales el sentimiento de culpa no inunde al menos temporalmente esas relaciones familiares. Algo muy diferente es que la familia tenga culpa, sea culpable o sea responsable (moral o legalmente) de una situación tan compleja y multifactorial. Lo que sí existe hoy, al menos en los países «desarrollados», es una culpa y una responsabilidad social por no ayudar antes y mejor a esas personas y a sus familiares y allegados, por la inexistencia o pobreza de una perspectiva de los cuidados basada más en la solidaridad y en la reparatividad[13,15] y menos en los principios neoliberales de «tú y tú familia tenéis que poder salir adelante». Como si en estas circunstancias la sociedad no tuviera ninguna obligación ni responsabilidad, cosa que hoy sabemos que no es así.[8,11,13] Pero hay quien lo cree así y difunde una difusa ideología, ampliamente extendida, que lo facilita: la ideología «neoliberal» esencialmente negadora de otras perspectivas globales de la sociedad, la comunidad, la humanidad vulnerable en un planeta vulnerable.

El resultado real es que sí se les trata como culpables; como si se les dijera una y otra vez «sois vosotros los que no queréis o no sabéis salir de ahí». Todo un postulado del individualismo neo y pseudoliberal. Por el contrario, algunos consideraremos no solo opcionales sino imprescindibles las «entrevista familiares periódicas», las «ayudas familiares», los grupos psicoeducativos, los grupos multifamiliares, las terapias familiares y grupales…[14-21,5,13]

Esa imprescindible y necesaria ayuda familiar viene también motivada por la importante colaboración que la familia puede proporcionar para evitar numerosos errores, medicalizaciones, sobredosificaciones medicamentosas o institucionales y, en definitiva, la yatrogenia biológica y psicológica en los cuidados contemporáneos de estos sujetos y sus allegados. Es uno de los motivos por los cuales propongo su participación en los que llamo «pactos a tres bandas» [sujeto-profesionales-familiares] en numerosos momentos de la evolución de las psicosis: en el seguimiento de los síntomas premórbidos y los estados prodrómicos, en la determinación de los factores precipitantes de cada coyuntura, en la prevención de los futuros, en la aceptación de algunas de las modalidades del tratamiento (psicoterapia, farmacoterapia, internamientos...), en el seguimiento de la evolución tras los episodios, en el uso del dinero y los medios económicos, en la vuelta al trabajo... Porque si hay una consecuencia segura de los elementos psicológicos fundamentales de una psicosis (entendida como la des-integración del *self* pareja a la des-integración progresiva con la realidad externa) son las alteraciones del «criterio de realidad».[3,5] Y en ese sentido, poco *criterio de realidad* posee una asistencia que no es capaz de tener en cuenta las opiniones y percepciones de las personas que conviven y ayudan cotidianamente al sujeto en esas crisis. Una consecuencia: los profesionales conscientes de esta contagiosa pérdida del juicio de realidad, si no les contagia a ellos también, pueden ayudar con «pactos a tres bandas», o con otros procedimientos, a regular por ejemplo el uso del dinero, las tendencias agresivas si existen, la incontinencia de otras emociones, las exigencias delirantes, las exigencias no delirantes pero excesivas, etc., etc., etc.[13] Las técnicas de entrevistas y relación que llamamos «las realidades alternativas» o «mudarse al sentimiento» serían algo fundamental a transmitir a esos allegados para que puedan soportar los difíciles momentos que el paciente con delusión crea. Pero, claro está, eso implica que el profesional las conozca y se haya formado en ellas.

Desde luego, hay que pensar que, en estos casos, son «elementos o criterios de realidad» (externa) fundamentales la consideración desde el principio del trabajo (protegido o no) como una de las principales «terapias de la psicosis», la importancia del dinero y su regulación, la importancia de la higiene, del ejercicio físico, la abstinencia de determinadas drogas y el uso prudente y subordinado al tratamiento global de la medicación, sí como la correcta alimentación.

En definitiva, en este libro los Gauger nos transmiten, a partir de sus experiencias personales de muchos años y en varios países, cuán importante sería una concepción de los cuidados de la psicosis realmente integral, global: la que llamamos TIANC.[5,6,13] En efecto, hoy disponemos de más de dos docenas de técnicas o sistemas de ayuda que hay que saber escoger, combinar y adecuar a cada paciente y familia en cada coyuntura y evolución y dentro de la comunidad. No solo fármacos e ingresos. Pero esa consecuencia práctica estaría más subrayada y apoyada si la psicopatología y la psiquiatría de la psicosis partieran de una perspectiva «basadas en las relaciones interhumanas», desde luego; de una perspectiva que tuviera en cuenta la importancia del modelo de relación simbiótico-adhesiva de estas personas[15] y los efectos contraproducentes de no tenerla en cuenta desde sus primeras manifestaciones.

Y así, a menudo a borbotones, Klaus va desgranando en su narración el enorme monto de sufrimientos, conflictos y accidentes que a él y a su familia los ha llevado a «descubrir mediante la experiencia» todos y cada uno de los elementos de lo que en otros momentos hemos llamado el «decálogo [familiar] sobre la psicosis».[13] Comenzando, desde luego, por la idea de la «parcialidad de las psicosis»: en todos los momentos, incluso en los más agudos o de mayor confusión, el sujeto y la familia conservan «islas sanas», aspectos sanos y capacidades reparatorias. Es tarea nuestra y tarea social saber contactar con ellas y desarrollarlas para ayudar al conjunto (del sujeto y de su medio social). Para ello, y para poder dosificar y a menudo amortiguar conflictos y emociones, diversos sistemas psicológicos profanos, semiprofesionales y profesionales pueden ser imprescindibles, pero con una preparación técnica específica y adaptados a cada momento de la evolución.[7,13,14,19] Todo ello no siempre logra evitar los tratamientos más «radicales» o peor aceptados por los pacientes: ingresos, ingresos involuntarios, fármacos neurolépticos depot, pero ayuda a introducirlos en el momento preciso y con mayor cuidado y respeto a la individualidad (a la dañada individualidad) del paciente.

Son formas o vías para mantener la capacidad de contacto emocional indispensable para lograr un nuevo «lugar en el mundo».[5,22,23] A él solo puede llegarse manteniendo la esperanza, un sentimiento básico para la vida, también en las psicosis; tanto en el paciente, en su familia como, por supuesto, en los equipos asistenciales. Probablemente es también la esperanza de que hoy ya se puede mejorar la atención a esos conflictos desbordantes lo que ha llevado a los Gauger a comunicarnos estas páginas. Y es lo que puede llevar a los pacientes y sus familias a, justamente, reivindicar medios y sistemas de prevención primaria, secundaria, terciaria y cuaternaria[15] más adecuados a nuestros conocimientos técnicos y a un entorno de «democracia real», aun no conseguido.

Esa valoración de lo emocional y de la autonomía y capacidades de autogestión del paciente es algo en lo que tanto Klaus Gauger como su padre insisten, y que tal vez influye en una de las muchas observaciones novedosas e incluso chocantes que incluyen en él: la valoración de la capacidad de contacto (emocional) y de la posibilidad de cuidar real y no retóricamente la autonomía del sujeto; la valoración de un cierto respeto y de capacidades de colaboración con la familia que aprecian más en los servicios españoles que en los de otros países más dotados de medios y técnicas.

En definitiva, el tratamiento o la ayuda real a estos sujetos y a sus familias ha de partir de considerarlos seres humanos también autónomos, por vulnerable y discutible que sea su autonomía; ha de partir de entender la psicosis como un fenómeno personal, una forma de responder a presiones biológicas, psicológicas o psicosociales excesivas para la vulnerable personalidad del sujeto. El estigma social de estos pacientes comienza con las teorías y formas de aproximación que la *psiquiatría biocomercial* ha difundido masivamente, y no con las respuestas de la población.

Referencias

1. CONRAD, K. [1958], *La esquizofrenia incipiente*, Madrid, Fundación Archivos de Neurobiología, 1997.
2. LAING, R.D. [1961], *El yo dividido*, México, FCE, 1964.
3. CASTILLA, C., *El delirio, un error necesario*, Oviedo, Nobel, 1998.
4. TIZÓN, J.L. [1978], *La locura, compañera repudiada*, Barcelona, La Gaya Ciencia, 1982.
5. TIZÓN, J.L., *Entender las psicosis. Hacia un enfoque integrador*, Barcelona, Herder, 2013.
6. ALANEN, Y., LEHTINEN, V., LEHTINEN, K., AALTONEN, J., RÄKKOLAINEN, V., «El modelo finlandés integrado para el tratamiento de la esquizofrenia y psicosis afines», en Johannessen, J.O., Martindale, B.V., Cullberg, J. (eds.), *Evolución de las psicosis. Diferentes fases, diferentes tratamientos*, Barcelona, Herder, 2008.
7. JOHANNESSEN, J.O., MARTINDALE, B.V., CULLBERG, J. (eds.), *Evolución de las psicosis. Diferentes fases, diferentes tratamientos*, Barcelona, Herder, 2008.
8. HARDCASTLE, M., KENNARD, D., GRANDISON, S., FAGIN, L., *Experiencias en la atención psiquiátrica hospitalaria. Relatos de usuarios del servicio, cuidadores y profesionales*, Barcelona, Herder, 2009.
9. WILLIAMS, P. *El quinto principio. Experiencias en el límite*, Barcelona, Herder, 2014.
10. JACKSON, M., MAGAGNA, J. (eds.), *Creatividad y estados psicóticos en personalidades excepcionales*, Barcelona, Herder, 2016.

11. SARACENO, B., *Discurso global, sufrimientos locales. Análisis crítico del Movimiento por la Salud Mental Global*, Barcelona, Herder, 2018.

12. MORRISON, A.P., RENTON, J.C., FRENCH, P., BENTALL, R., *¿Crees que estás loco? Piénsalo dos veces*, Barcelona, Herder, 2011.

13. TIZÓN, J.L., *Familia y psicosis. Cómo ayudar en el tratamiento*, Barcelona, Herder, 2014.

14. READ, J., DILLON, J. (comps.), *Modelos de Locura II*, Barcelona, Herder, 2016.

15. TIZÓN, J.L., *Apuntes para una psicopatología basada en la relación. Variaciones psicopatológicas*, Barcelona, Herder, 2018.

16. QUEVEDO, F., *Obras Completas. I. Obra en prosa*, Madrid, Aguilar, 1966.

17. MARTINDALE, B.V., BATEMAN, A., CROWE, M., MARGINSON, F. (eds.), *Las psicosis. Los tratamientos psicológicos y su eficacia*, Barcelona, Herder, 2009.

18. FULLER, P., *Sobrevivir, existir, vivir. La terapia en cada fase de la psicosis grave*, Barcelona, Herder, 2015.

19. SEIKKULA, J., ARNKIL, T.E., *Encuentros terapéuticos en la red social*, Barcelona, Herder, 2016.

20. BLOCH THORSEN, G-R., GRÖNNESTAD T., ÖXNEVAD A.L., *Trabajo familiar y multifamiliar en las psicosis*, Barcelona, Herder, 2009.

21. LASA, A., *El autismo infantil y la psiquiatría. Una historia de búsquedas y desencuentros*, en prensa.

22. GEORGACA, E., ZISSI, A. «Living with Psychosis: strategies and social conditions for recovery», *Psychosis* 10(2) (2018), pp. 81-89.

23. AALTONEN, J., SEIKKULA, J. y LEHTINEN, K., «Comprehensive Open-Dialogue Approach in Western Lapland: I. The incidence of non-affective psychosis and prodromal states», *Psychosis* 3(3) (2011), pp. 179-191.

*Sometimes it feels like a game of deadly hide and seek.
And when you're reading this, then I will be gone.
Maybe then, you will see.*

IRON MAIDEN, «Futureal»

VOLANDO SOBRE EL NIDO
DEL CUCO

En febrero de 1994, sobre las tres de la madrugada, perdí por completo el control. Tuve un ataque de pánico porque creí que detrás de las paredes de mi cuarto había micrófonos. Al ver lo ocurrido y el estado en que me encontraba, mis padres no pudieron hacer otra cosa que llamar al médico de urgencias. Este llegó enseguida, y con él la policía. Los dos policías, jóvenes y altos, contemplaron asombrados mi habitación: «Aquí, desde luego, alguien ha descargado a fondo su furia», dijeron. En el revestimiento de madera de la pared paralela a mi cama se abría un hueco enorme. Lo había hecho yo a puñetazos y luego había arrancado con las manos varios tablones de madera. Además, había volcado la cama para buscar micrófonos debajo de ella.

Sin oponer resistencia me dejé conducir hasta el coche de la policía. Los agentes me llevaron a la recepción de la clínica psiquiátrica de la universidad. Cuando el médico, que había viajado en el mismo coche, me entregó a sus colegas de la clínica, le dije: «One flew east, one flew west, one flew over the cuckoo's nest». No sé si captó mi alusión. Esa rima infantil dio el título a la novela de Ken Kesey *Alguien voló sobre el nido del cuco* (1962). Yo conocía el libro y la película de Miloš Forman, con Jack Nicholson en el papel principal. Sin duda estaba paranoico entonces, pero veía con asombrosa claridad lo que vendría a continuación: lo que viví aquel año en la clínica psiquiátrica sería una anonadante y desoladora experiencia. En ese ámbito, apenas había habido cambios desde la publicación en los años sesenta del libro de Ken Kesey.

Ese primer ingreso forzoso en una clínica psiquiátrica partió mi vida literalmente en dos. Hasta entonces mis años de infancia y juventud habían trascurrido con normalidad y sin mayores complicaciones. Los veinte años siguientes fueron una larga y laboriosa lucha con mi enfermedad.

Nací en Tubinga en 1965. Mi padre era entonces ayudante de cátedra en la universidad de esa ciudad y más tarde pasó a ser catedrático en la de Friburgo de Brisgovia, donde viví casi toda mi infancia y juventud. Mi madre es española, de Madrid. Mi padre y mi madre se conocieron durante un curso de verano en la Universidad de Santander. Mi madre ha sido catedrática de instituto en Friburgo. Mis padres son, pues, funcionarios los dos. Tengo también un hermano menor que trabaja como desarrollador de software.

Fui buen estudiante, aunque no destaqué entre los primeros. En primaria y en el bachillerato me mantuve en la delantera del pelotón central y en 1984 aprobé el *Abitur*, la reválida de bachillerato, con 2,3, una buena nota final en aquella época.* Inmediatamente después empecé a estudiar ciencias económicas en la Universidad de Friburgo, porque en el reconocimiento previo al servicio militar quedé clasificado como no apto debido a una luxación crónica que había sufrido jugando al tenis. Al cabo de un semestre cambié de carrera y estudié historia y filologías germánica y románica. Ya de niño fui un lector incansable y en el instituto me gustaban sobre todo las asignaturas de letras. En alemán e historia siempre destaqué como buen estudiante, mientras que las matemáticas y la física fueron un mundo más bien cerrado para mí.

---

* El sistema de evaluación de la enseñanza en Alemania abarca del 1 al 6. La correspondencia con el sistema español es más o menos la siguiente: 1: sobresaliente; 2: sobresaliente y notable alto; 3. notable bajo o aprobado alto; 4: aprobado; 5 y 6: suspenso. Un 2,3 equivale, por tanto, a un notable. *(N. de la T.)*

Además de los libros me gustaba la música, y en la adolescencia me entusiasmé con el jazz. Como tocaba el clarinete clásico desde los 12 años, a los 18 años pude cambiar fácilmente al saxofón tenor. Tomé clases con un profesor de saxofón y toqué en una banda de jazz que antes había sido banda escolar, en la que tocaba el contrabajo mi mejor amigo, Pierre.

A los 17 años me enamoré de Monika y poco después éramos novios. Monika era alta y guapa, compañera de clase y, desde un viaje a Praga que hicimos con el instituto, mi novia. Como ya en la enseñanza secundaria, también en la universidad todo marchó bien: mis trabajos de seminario y mis ponencias de clase obtuvieron buenas notas. Durante la carrera colaboré con el *Badische Zeitung*, el diario de Friburgo, en el que al principio escribí sobre todo críticas de música en el campo del jazz, del blues y del rock; después también reseñas de libros y, de vez en cuando, artículos para el suplemento semanal del periódico.

Los primeros síntomas de una evolución psíquica sospechosa aparecieron en 1988. En la primavera de ese año obtuve una beca Erasmus para estudiar un año en la Universidad Complutense de Madrid. Madrid era mi segunda patria. Una gran parte de mi familia española vivía allí. Mis padres tenían un pequeño chalet en Navacerrada, un pueblecito a 1200 metros de altitud, en la sierra de Guadarrama, al norte de Madrid. Más tarde comprarían también un apartamento en el mismo Madrid.

Entretanto, Monika estudiaba en la Escuela Normal de Friburgo para ser profesora de primaria. Siempre le gustó aprender idiomas y conocer otros países, y por eso habíamos decidido ir juntos a Madrid. Ella quería financiarse la estancia dando clases de alemán en una academia de idiomas. Rescindimos en el otoño de 1988 el contrato del piso que habitábamos juntos y nos preparamos para el traslado a Madrid.

En aquel cálido verano de 1988 salimos muchas veces juntos Monika y yo, mi amigo Pierre y Andrea, la hermana de Monika. Pierre y Andrea también eran novios. Andrea era, como su hermana, una chica guapa e inteligente, que estudiaba derecho. Como hacía tanto calor, nos reuníamos a menudo a orillas de un lago próximo a la ciudad. Y así fue como me enamoré de Andrea. Al menos es lo que yo creí entonces. En aquel verano me encontraba en un estado de ánimo raro, casi maníaco. Desde la perspectiva actual, en aquella labilidad y extraña energía que había en mí veo ya un primer síntoma de esa fase prodrómica que a menudo precede durante varios años a la enfermedad. Porque, en el fondo, mi enamoramiento, que era solo un pequeño flirteo, poco más tarde desencadenaría en mí una grave conmoción psíquica.

Como ya entonces aquello no me parecía poco importante, determiné decirle a Andrea que me había enamorado de ella. En aquellos días, Monika había ido a ver a una prima, que vivía en otra ciudad. Los cuatro éramos amigos. Pero, en ese aspecto, fui algo ingenuo. Pierre era un chico muy atractivo y de vez en cuando mantenía varios *affaires* al mismo tiempo. Cuando empezó su relación con Andrea, reanudó al mismo tiempo el contacto con la chica que fue su amor de años escolares. Con esta la relación era intermitente. Aquello no podía terminar bien, pero realmente nunca terminaba del todo.

Una tarde me cité con Andrea en casa de sus padres, donde ella vivía entonces. Sus padres habían salido aquella tarde. Cuando le hablé de mis sentimientos, pareció alegrarse, y yo tuve la impresión de que ella también sentía algo más por mí. En cualquier caso, me consoló con mucho cariño y fue amable y comprensiva. Después de ese encuentro, hicimos algunas cosas juntos y también nos acercamos un poco más físicamente.

Eso lo notó finalmente Pierre, que se puso furiosísimo. Por lo visto, mi amigo —a pesar de sus numerosos *affaires*— estaba celoso. Durante los días siguientes todo fue complicándose. Pierre, Andrea y yo nos reunimos varias veces y solo discutimos. A mí me resultaba extraño, porque en principio todos éramos amigos. Pierre y yo andábamos a la greña mientras que Andrea parecía indecisa y me daba la impresión de que tenía que decidirse entre nosotros dos.

Así continuamos algún tiempo hasta que un día Andrea me llamó por teléfono y dijo: «Bueno, este tira y afloja tiene que terminar de una vez».

Y me mandó a hacer gárgaras.

Al cabo de unos días llamé, un poco perplejo, a Pierre. Poco después nos reunimos una tarde en casa de mis padres. Pierre seguía furioso y me hacía reproches continuamente: «¡Eres un imbécil! ¡Tenías que haberte callado la boca! ¡Por tu culpa he tenido que hacer toda clase de promesas a Andrea!».

Y entonces comprendí. Andrea había aprovechado la situación para poner a raya a Pierre en cuanto a la otra chica.

Cuando Monika volvió de casa de su prima, Andrea le contó, antes de que yo mismo pudiera hacerlo, que me había enamorado de ella. Eso desde luego no estuvo bien. Monika me pidió explicaciones:

—¿Qué historia estúpida es esa que has tenido con mi hermana? ¿Es verdad lo que me ha dicho, que ahora es ella la que te gusta?

—En realidad había querido decírtelo —respondí— pero es cierto, me he enamorado de ella.

—¡Pero si llevamos juntos seis años! ¿Y ahora quieres a mi hermana? ¡A ti te falta un tornillo!

En eso dio bastante bien en el clavo.

Así que yo había armado un estropicio emocional. Andrea no volvió a querer saber nada de mí. Pierre estaba enfadado conmigo porque yo ya no era su mejor amigo sino su rival. Y Monika estaba furiosa porque de pronto se había enterado de que yo no la quería a ella sino a su hermana.

Estábamos en vacaciones, y Monika se marchó poco después con su prima a hacer un viaje por el sur de Francia y por España.

Yo viajé con mi hermano y con dos amigos suyos a Grecia. Primero tomamos un avión a Creta y allí alquilamos un coche. Llevábamos mochilas y sacos de dormir, viajábamos a lo largo de la costa y casi vivíamos en la playa. El tiempo era fantástico. En las tabernas de los lugares de la costa, llenas de turistas jóvenes, el ambiente era estupendo. A las dos semanas pasamos a tierra firme, a Atenas. Los griegos que encontramos eran en general de lo más amables. En realidad, fueron unas semanas magníficas.

Pero yo estaba completamente hundido, como herido, ausente, ensimismado. No conseguía quitarme de la mente las escenas vividas con Pierre, Andrea y Monika antes de mi partida. Mis compañeros de viaje estaban asombrados. ¿Cómo podía encontrarme yo en tal estado de ausencia durante aquel fantástico periplo?

En uno de los días de playa me metí en el mar para bañarme. Ya estaba en el agua cuando mi hermano me gritó desde la playa:

—Klaus, ¿estás loco?

—¿Qué ocurre? —respondí.

—¡Mira a tu alrededor! —replicó mi hermano.

Había un montón de billetes flotando en el agua. En mi ensimismamiento había entrado en el mar con un fajo de dracmas en el bolsillo del bañador.

Cuando regresé a Friburgo me vi de nuevo con Monika. Estaba muy morena y muy guapa. Y seguía en la idea de pasar un año conmigo en Madrid. Así que, en realidad, yo habría podido olvidar toda aquella historia de Andrea. Con Pierre también se fueron arreglando las cosas. Solo nos perdimos de vista mucho más tarde, cuando él se marchó a Suiza para trabajar allí como pediatra. Ahora vive en Delémont y desde hace algunos años nos vemos otra vez con regularidad, cosa que me alegra mucho.

En el otoño de 1988 viajé en tren con dos maletas grandes a Madrid y me alojé en casa de mi abuela. Monika viajó unos días después con el Volkswagen Polo, el antiguo coche de su madre que ella le había regalado.

Nos encontramos en el piso de mi abuela. Yo seguía apático y más o menos ausente. Unos días antes la había llamado por teléfono desde Madrid proponiéndole que hiciéramos un año de pausa en nuestra relación. Le pedí también que no fuera a Madrid porque yo de momento no estaba en condiciones de continuar la relación con ella y me encontraba en muy mal estado. Pero ella no quiso saber nada de aquello y siguió aferrada al plan de Madrid.

Unos días después estábamos sentados en un banco del parque próximo al piso de mi abuela.

—¿Cómo vamos a seguir ahora los dos? —preguntó— ¡Pareces tan indeciso!

—No sé lo que me ocurre, pero por lo pronto se me ha pasado el enamoramiento. Simplemente. Creo que de momento deberíamos separarnos.

Por el rostro de Monika rodaron las lágrimas. Pero aceptó mi decisión.

De modo que buscamos alojamiento por separado. Ella acabó viviendo en un piso del viejo Madrid, cerca del barrio bohemio en torno a la calle Malasaña. Yo encontré un piso compartido con otros dos estudiantes en el barrio obrero de Aluche. Sin embargo, nos veíamos con regularidad.

Yo, definitivamente, iba de mal en peor. Me hundía más y más en la depresión. Mi familia de Madrid, y también mis padres, estaban seriamente preocupados. En el otoño de 1988, mi familia española me procuró una entrevista con un padre jesuita, psicólogo de profesión. Tras esa entrevista el jesuita me envió a una psicóloga que me hizo un test psicodiagnóstico. Mi madre, que estaba en Madrid durante las vacaciones de Navidad, fue conmigo a ver al jesuita.

—Klaus está de momento en una crisis y tiene que seguir evolucionando —dijo.

—Pero está realmente muy mal... —replicó mi madre. Sin embargo, el jesuita nos tranquilizó—: No se preocupe. Klaus debería ir simplemente durante algún tiempo a un terapeuta hasta que haya superado la crisis.

Mi madre sacudió la cabeza. No estaba convencida.

El padre jesuita me dio el nombre de un psicoterapeuta, que era una persona agradable y parecía competente. En la terapia quiso sobre todo fortalecer mi autoestima y me repetía: «Crecer por dentro es fatigoso y doloroso». Hoy creo que mis dificultades no eran una crisis normal. La inquietud de mi madre tenía justificación. Yo estaba extremadamente lábil, ensimismado e incapaz, en gran parte, de trabajar con concentración. En aquel tiempo escribí también un montón de embrolladas cartas a Andrea, haciéndole toda clase de reproches, duros y también ofensivos, porque me sentía traicionado por ella.

En la universidad estuve pocas veces. Con los otros becarios Erasmus tuve contacto solo muy de vez en cuando. Instalado con los dos estudiantes españoles en el sórdido piso de Aluche, me hundía cada vez más en la melancolía. Ni siquiera sacaba fuerzas para tocar el saxofón.

Monika, en cambio, revivió en Madrid. Se sobrepuso enseguida a nuestra separación. En la primavera de 1989 me dijo durante un paseo: «A mí me parece muy bien que nos hayamos separado. Lo dejamos ya así».

Ella trabajaba en una academia de idiomas y así se ganaba la vida en Madrid. En el verano de 1989 regresó a Alemania. Allí tuvo novio poco después de su retorno y un año después se casó.

Yo, en cambio, me hundía cada vez más. Primero me mudé a un piso compartido con un sirio, homosexual y más bien desagradable. Aquella vida en común con aquel tipo extraño terminó con una pelea a golpe limpio. Al día siguiente hice las maletas.

Después me mudé al barrio estudiantil madrileño de Argüelles, donde Antonio, muy simpático pero drogadicto, me realquiló una habitación. Con Antonio fumé con regularidad hachís y de vez en cuando tomaba cocaína.

En aquella época la movida entraba en su fase final. La Movida Madrileña, o simplemente La Movida, fue un movimiento cultural urbano que surgió tras la muerte de Franco y duró hasta avanzados los años ochenta. Tras la muerte del dictador en 1975 y la transición a la democracia, muchos españoles disfrutaron de las libertades que les habían estado prohibidas durante décadas. Así nació en Madrid un movimiento en el que se celebraba todo lo estridente, todo lo exaltado y hedonista.

El representante de la movida más reconocido internacionalmente fue el guionista y director de cine Pedro Almodóvar. Homosexual declarado, a menudo ha tematizado en sus películas la homosexualidad y la transexualidad.

Los homosexuales y transexuales españoles, sobre los que Madrid ejercía entonces una gran fuerza de atracción, eran en efecto uno de los más firmes pilares de La Movida, que también, por otra parte, se veía impulsada por el alcalde socialista Enrique Tierno Galván. Este fomentaba el movimiento porque marcaba una clara ruptura entre la sociedad de la época de Franco y la nueva democracia española.

En aquella época había en Madrid una enorme cantidad de extravagantes discotecas y clubes nocturnos, y se podía salir hasta muy avanzada la noche. Con Antonio, que conocía de maravilla la subcultura madrileña, me precipité en la vida nocturna. En ella, las drogas eran un componente esencial. Antonio tenía sus proveedores y compartía conmigo sus reservas.

Un día Antonio y yo dimos una pequeña fiesta en nuestro piso y en ella conocí a Mercedes, una estudiante de periodismo, y poco después éramos pareja. Lentamente fui remontando en Madrid y me sentí más liberado. El relajado estilo de vida con Antonio y la relación con Mercedes me ayudaron mucho.

El consumo de drogas, justamente de hachís, puede desencadenar o al menos favorecer la aparición de una psicosis, también de una esquizofrenia paranoide. En mi caso no creo en una relación directa: tomé hachís y cocaína solo durante unos meses de 1989. El derrumbamiento psíquico no llegó hasta febrero de 1994. Por tanto, la distancia temporal entre mi estancia en Madrid y la declaración definitiva de la enfermedad fue grande.

La ciencia explica la génesis y la aparición de la esquizofrenia con el modelo de vulnerabilidad-estrés (llamado también modelo de diátesis-estrés). Según este principio aclaratorio, las personas que corren peligro de enfermar se caracterizan por una especial vulnerabilidad y sensibilidad que, si se añaden cargas psicosociales o físicas, puede abocar en una psicosis. Aplicado a mi historia, no considero mi desafortunado enamoramiento de la hermana de Monika como el desencadenante de mi esquizofrenia paranoide. Estoy convencido de que la enfermedad habría aparecido de todos modos, también sin ese episodio. En 1989 yo no tenía síntomas que apuntaran directamente a una esquizofrenia. Mis trastornos no eran específicos. Tenía labilidad emocional y un estado de ánimo depresivo. Mis pensamientos giraban constantemente en torno a ese desgraciado *affaire* con la hermana de Monika. No es de extrañar que mi psicoterapeuta de Madrid no viera en todo aquello los primeros síntomas. Sin embargo, exactamente eso es típico de la fase previa a la esquizofrenia paranoide. En esa fase aparecen casi siempre varios síntomas no específicos: vulnerabilidad emocional, miedos difusos, una cierta labilidad y alteración depresiva.

Es cierto que me repuse después del *affaire* con Andrea. Pero nunca recuperé la estabilidad emocional que tenía antes de aquella historia. Hasta mi derrumbamiento busqué ayuda una y otra vez en psicoterapeutas. Ninguno pudo ayudarme de verdad, aunque no todas las terapias fueran tan abstrusas como la primera que hice después de mi regreso de Madrid.

FUNESTA RESEÑA
DE UN CONCIERTO

Como no tenía ganas de volver, prolongué mi estancia en Madrid. Adivinaba que el regreso iba a ser difícil. Me había acostumbrado a la vida madrileña, sobre todo a la vida nocturna de bares y discotecas. Pero mis padres me urgían a terminar la carrera. Acababa de caer el muro de Berlín y argumentaban que en ese momento histórico yo debería estar en Alemania. Era, es evidente, un pretexto, ya que mis padres sabían de mis escarceos con la droga. Mi terapeuta madrileño les había dicho que yo no podía seguir así. Y Antonio, mi compañero de piso, también les resultaba sospechoso. Por eso presionaban suavemente para que volviera a Friburgo.

Lleno de congoja, un día de finales de noviembre me despedí de Mercedes y de Madrid y tomé el tren de vuelta. Falto de alternativa me instalé primero otra vez en casa, pero allí ya no me sentía a gusto. Era agobiante vivir otra vez con mis padres. Y en comparación con Madrid, Friburgo era, sin duda, un rincón provinciano y aburrido. En casa discutía continuamente con mis padres, porque estaba muchas veces nervioso e irritado, pero también porque a ellos les parecía que tomaba demasiado alcohol.

En cuanto pude me agencié una habitación en una residencia de estudiantes. Y enseguida me dediqué a escribir la tesis de magister en la especialidad de Historia. Pero con eso no mejoró apenas mi estado general. Lo consulté con mis padres y decidí empezar otra psicoterapia. Por recomendación del médico jefe de la clínica psiquiátrica universitaria infantil y juvenil de Friburgo, fui a parar a la consulta de una joven psicoterapeuta. La señora Sachs era la hija de un afamado psiquiatra. Por eso sobre todo, pienso ahora, me la había recomendado aquel profesor. La terapia, sin embargo, resultó un rotundo fracaso.

Empezó con las tesis que la señora Sachs desarrollaba de vez en cuando durante la terapia, que eran bastante originales. Jesús era un masoquista, observó una vez, porque se había dejado clavar en la cruz. La observación es desde luego simplista. De la misma manera podía haber dicho que Jesús era esquizofrénico porque se consideraba hijo de Dios. La señora Sachs propugnaba también, una y otra vez, una teoría nada ortodoxa, mezcla de doctrinas marxistas y freudianas. A mí aquello me parecía cada vez más extraño. Había y hay aún en Friburgo una agrupación freudomarxista, radicalmente anticlerical, surgida del movimiento estudiantil del 68. Después de haber cambiado varias veces de nombre, el grupo se llama ahora Liga contra la Adaptación [Bund gegen Anpassung]. En 1990 ya no era sino una insignificante secta. Yo ya había tenido contacto con esa gente a principios de los ochenta. En aquel entonces algunos bachilleres de nuestro instituto repartían en el patio del recreo embrollados panfletos.

Llegó un momento en que para mí las tesis de la señora Sachs pasaban ya de castaño oscuro y le pregunté si pertenecía a aquel extraño grupo. De entrada, reaccionó con enfado, pero en la siguiente sesión respondió afirmativamente. A partir de entonces mi terapia estuvo fuera de control: trataba abiertamente de contagiarme su entusiasmo por las ideas de ese grupo. Me traía panfletos y libros del jefe de la secta y me instaba a que los leyera. Mi inquietante estado mental pasó más y más a segundo plano. En su lugar, mi terapeuta me decía que en ese grupo también se practicaba el amor libre. Por tanto, yo podía tener sexo con todos los miembros femeninos del grupo: y por supuesto también con ella. La «liberación sexual» o el sexo en grupo no era desde luego lo que yo quería o necesitaba entonces. Al cabo de unos meses, me harté de todo aquello. En el otoño de 1990 interrumpí la terapia. La señora Sachs me escribió después algunas extrañas «cartas de amor» en las que de nuevo exponía detalladamente las teorías freudomarxistas del jefe de su secta.

Que el jefe de la clínica psiquiátrica infantil y juvenil me proporcionara una terapeuta que quiso meterme en una confusa secta psicopolítica no fue sin duda intencionado. Estoy seguro de que no sabía nada de los vínculos de la señora Sachs. La terapia de la señora Sachs era dudosa y hasta llegó a causarme un daño adicional: me sentía aún peor que antes. Por otra parte, ni siquiera un buen terapeuta habría podido impedir mi descenso al infierno de la esquizofrenia paranoide. En esa enfermedad, hasta donde hoy se sabe, las terapias psicoanalíticas o psicodinámicas son inútiles. Lo que ayuda son sobre todo los medicamentos: neurolépticos o antipsicóticos. Una terapia del comportamiento puede ser útil como complemento durante el periodo de convalecencia. Pero la base del restablecimiento son los psicofármacos. Sin embargo, ni mis padres ni yo teníamos conciencia de que mis difusos síntomas abocarían en una esquizofrenia paranoide.

En aquella época yo trabajaba al mismo tiempo como crítico de música y de conciertos en la sección cultural del *Badische Zeitung*. A principios del verano de 1990 la redacción me envió a un concierto organizado por el u-AStA, el Sindicato Independiente de Estudiantes (no, por tanto, el AStA, el sindicato oficial previsto por la ley). Escribí una crítica destructiva de aquel evento, realmente mediocre, y al mismo tiempo me burlé un poco de los pseudorrevolucionarios del u-AStA. Tras la publicación del artículo, un miembro de la junta directiva del u-AStA protestó ante el redactor jefe de la sección de música del periódico. Yo ya había escrito varias veces críticas mordaces de conciertos. Una protesta así no tenía por qué ser nada especial. Pero esta vez fue distinto. Después de enterarme de esa protesta, me parecía que algunos estudiantes adoptaban una actitud negativa conmigo. Y hasta en la calle algunas personas me miraban ahora con aire de reprobación. En aquellos días todavía estaba yo en la terapia de la señora Sachs y se lo comenté. Ella solo replicó que el U-AStA era un notorio adversario de su grupo freudomarxista. Y sin embargo mi extraña sensación fue el primer síntoma evidente de una paranoia.

A partir de ese momento tenía claro que en la ciudad había varios grupos que me observaban. Eran, además de la secta de la señora Sachs, sobre todo el U-AStA, que me tenía fichado desde mi crítica del concierto. Desde principios de verano de 1990 se fue formando, paso a paso, un sistema de delirio mental. Y en febrero de 1994, cuando me ingresaron por primera vez en la clínica psiquiátrica, el U-AStA se había convertido en un poderosísimo adversario que me perseguía por toda la ciudad.

Sin embargo, hasta cierto punto aún tenía bajo control mis ideas paranoides. Mientras me afanaba con mi tesis de magister, trabajaba en el almacén central de una cadena de supermercados. Por la tarde iba a un gimnasio a entrenarme con pesas. Funcionaba relativamente bien, aunque periódicamente sufría depresiones.

Por eso, después de dejar la terapia de la señora Sachs, me busqué otro terapeuta, y el doctor Keller me dio hora en su consulta. Era psiquiatra y psicoterapeuta y trabajaba en el departamento psicosomático de la clínica universitaria. Sus métodos, por consiguiente, eran serios y correctos. A mí me gustaba, pero sus esfuerzos no mejoraron mi estado. Él tampoco sospechaba, eso era evidente, que yo me encontraba en un estadio previo a una esquizofrenia.

En febrero de 1991 concluí la carrera con el título de *Magíster Artium*. A pesar de las dificultades iniciales, tenía un buen recuerdo del año de Madrid y quise marcharme fuera otro año, esta vez a Estados Unidos. Gracias a una profesora de filología inglesa conseguí exención de matrícula en la Universidad de Massachusetts en Amherst. Una vez allí, me puse a trabajar con entusiasmo: me matriculé en cursos de escritura creativa y en historia estadounidense y latinoamericana. Escribí también críticas de conciertos para el periódico del Campus, *The Massachusetts Daily Collegian*. Al mismo tiempo hice un curso de formación como moderador en la radio del Campus. Pero la inestabilidad anímica retornó enseguida. Mi paranoia siguió aumentando y pronto me sentí observado más y más en el Campus de Amherst.

Entretanto había planeado doctorarme en filología germánica, tomando como director de la tesis al profesor Müller, con el que había cursado varios seminarios en Friburgo. Tuve un encuentro con él en Estados Unidos, donde era profesor invitado en la Universidad de Columbia de Nueva York. Pasamos una agradable velada en el legendario club de jazz Birdland y quedamos en que yo empezaría con la tesis a mi regreso en el verano de 1992.

Al final del semestre de invierno, no aguanté más en Amherst. Interrumpí la estancia en la universidad y emprendí un viaje de varios meses, primero por Estados Unidos y después por México. En la estación de autobuses de Tijuana conocí a Bill y a Rob, dos ingleses, y con ellos hice un recorrido por la península de Baja California. En el sur acampamos varias semanas en tiendas de campaña en la playa cercana a Todos Santos (uno de los «pueblos mágicos» de México). Conocimos a mucha gente bohemia y vagabunda y lo pasamos realmente bien. Pero eso no cambió nada en el hecho de que yo había dejado a la mitad mi año de estudios en la Universidad de Amherst. Aunque así por lo menos aprendí bien el inglés.

En abril de 1992 regresé a Friburgo y me fui a vivir a un piso compartido con un químico que pertenecía a una secta evangélica y que también estaba preparando la tesis doctoral. ¡Así que otra vez había alguien que quería convertirme! Antes había pertenecido a una corporación estudiantil, pero lo habían expulsado. Entonces ingresó en esa «iglesia libre» que consideraba a la Iglesia católica su enemigo mortal. Con su biblia de cantos dorados y encuadernada en piel me acosaba desde el principio con sus conversaciones: «Noto que llevas contigo un gran peso, Klaus, una gran culpa. Conviértete a nuestro Salvador, y él te redimirá».

Nuestro piso constaba de dos habitaciones, cocina y baño. Una noche me despertó un olor penetrante. Me incorporé en la cama: plantado delante de mí había un indigente, barbudo y bastante borracho. «¿Puedes darme dinero?», balbució. Para convertirlo, mi compañero de piso lo había recogido en la calle e instalado en la cocina. Desde allí el vagabundo se había deslizado a mi habitación para pedirme dinero. Saqué de mi cuarto al hombre, que rebosaba suciedad, y lo metí en la cocina. Esas cosas y otras parecidas sucedieron varias veces durante aquellos seis meses. Sobre todo me atacaba los nervios la costumbre de mi compañero de piso de escuchar a todo volumen los sermones de los predicadores estadounidenses. Los gritos histéricos inundaban el pequeño apartamento. En algún momento llegamos a las manos. Al día siguiente me marché del piso.

Ese fue, de hecho, el último piso en el que viví por mi cuenta. Me había ido de casa a los 19 años. A los 27, a finales de 1992, volví a la casa de mis padres. Si desde entonces sigo viviendo en ella es por motivos económicos. Pero también porque mi estado mental iba de mal en peor: vivir solo e independiente o en un piso compartido me resultaba sencillamente imposible. En ese entonces no veía esto con claridad; yo estaba frenético con aquel sectario evangélico y le achaqué toda la culpa de mi ataque de furia. Sin embargo, nuestra vida en común también se vino abajo por mi labilidad e irritabilidad.

En 1992 volví a la terapia del doctor Keller. Pero entretanto ya tenía miedo de que la sala de la terapia no fuera «impermeable». Al mismo tiempo, por las calles los semblantes se me volvían cada vez más significativos; cada vez más personas parecían saber algo de mí. Me observaban —yo lo vivía con enorme intensidad— en parte con intencionada indiferencia, en parte con sorna evidente.

De ese modo, la ciudad entera se volvió para mí angustiosa y amenazadora. Los transeúntes eran miembros de los más diversos grupos sociales o políticos, entre ellos de nuevo, claro, el U-AstA. Y todos me observaban. Era el comienzo de un delirio de perjuicio, típico de la esquizofrenia. Me sentía ofendido, humillado, escarnecido y perjudicado por mis congéneres, aunque no tenía ningún dato que apoyara esa percepción. En las calles, la expresión de los rostros reflejaban mensajes dirigidos a mí. Algunas personas parecían lanzar silbidos sarcásticos o bostezar significativamente cuando me reconocían. Aunque no todo era negativo, algunos semblantes parecían expresar también aprobación. No obstante predominaba lo negativo. Finalmente el todavía difuso delirio de perjuicio aumentó hasta convertirse en un perfecto delirio de persecución.

En una sesión de psicoterapia le llevé al doctor Keller un diagrama del «sistema» friburgués dibujado por mí. Yo estaba en el centro y desde allí una gran cantidad de flechas y de curvas llevaban al U-AstA, a determinados redactores del periódico local y a otras personas de mi entorno.

«Es extensa la red, desde luego», comentó el doctor Keller con ligera ironía. Pero lo que él sin duda no reconoció es que aquello era la prueba inequívoca de mi incipiente delirio autorreferencial. El doctor Keller trabajaba en la clínica psiquiátrica y era adjunto en el departamento psicosomático. Ese día, a más tardar, debería haber visto que yo iba camino de la esquizofrenia paranoide. Quizás lo veía, pero ni me confrontó con ese diagnóstico ni me recomendó empezar con una farmacoterapia. De hecho, ninguno de los terapeutas que me trataron a partir de 1992 tuvo el valor de confrontarme con el diagnóstico —si es que habían detectado la enfermedad—. Otra posibilidad de impedir el inminente derrumbamiento desapareció sin que nadie la aprovechara.

A pesar de mi estado, entre mayo y septiembre de 1993 pude hacer varias prácticas de periodismo en diversos lugares de Alemania. La última la llevé a cabo en la sección televisiva en lengua española de la *Deutsche Welle*, en Colonia. Durante un mes viví en el piso compartido de la hermana de un amigo que estudiaba allí. Pero yo seguía sintiéndome observado por casi todo el mundo. Al final, incluso a ella le pedí explicaciones y le eché en cara que estaba confabulada con el U-AStA de Colonia. «¡Eso que estás sospechando es pura esquizofrenia!», me replicó indignada. Ella había visto lo que mis terapeutas no podían o no querían ver.

La preocupación de mis padres iba en aumento. Al final del año, mi padre, en su desconcierto, me pidió que fuera a ver a un padre dominico conocido suyo. Yo hablé con él. Pero tampoco él podía explicarse en absoluto lo que me pasaba y me envió a su vez a un psicoterapeuta de Basilea porque pensaba que así podía librarme del ambiente, para mí envenenado visiblemente, de Friburgo. Así lo hice y, en efecto, con aquella terapia pude relajarme un poco. Pero pronto retornó la sensación de que allí también me observaban. Al final sabía que en la sala de consulta estaba instalado un miniemisor que transmitía mis conversaciones con el terapeuta al exterior, a oyentes que después me observaban en la calle. Yo había llegado definitivamente a un completo delirio de persecución que en un brevísimo lapso de tiempo aumentaría aún más. Entonces imaginaba esos micrófonos y miniemisores solo en la sala de consulta. Más tarde tuve la sensación de que otras personas que estaban cerca de mí y que, por ejemplo, hablaban conmigo en un bar, también llevaban consigo un microespía. Y al final pensaba que esos dispositivos de escucha estaban incluso en mi habitación. Con ello, el sistema de control era total.

Vivía bajo una enorme presión y me costaba muchísimo dormir. Por eso trataba de remediarlo bebiendo por la noche mucha cerveza para que me entrara sueño. Ese intento de automedicarme solo fue perjudicial, naturalmente. En mi desesperación acabé desatornillando en casa los enchufes y los teléfonos, buscando siempre micrófonos y miniemisores.

En febrero de 1994, mi madre llegó una tarde a casa y vio que en el jardín estaba instalada una tienda de campaña. Cuando me preguntó qué significaba aquello, respondí: «Es el único lugar de nuestra casa en el que no hay micrófonos». Pasé una noche muy poco confortable en nuestro jardín. Al día siguiente renuncié a la idea de pernoctar en tiendas de campaña.

Mi madre, conmocionada por aquel incidente, se lo contó a una amiga del instituto. Esta le dijo que yo tenía una grave enfermedad que había que tratar con medicamentos. También ella veía el problema con más claridad que los terapeutas o que nosotros mismos.

Ese episodio de la tienda de campaña tal vez resulte involuntariamente divertido, pero lo cierto es que yo vivía bajo un enorme estrés. Además, ese primer episodio de mi esquizofrenia tuvo un componente muy destructivo: me volví cada vez más agresivo y egocéntrico, sin saber por qué. Me acosaba el estrés masivo al que estaba sometido y, como no sabía lo que me pasaba, culpaba cada vez más a los otros de mi estado. Hasta las frases más inocentes de miembros de la familia o de amigos las interpretaba como provocación o como intentos de manipulación.

Para todos ellos mi delirio era, por supuesto, imposible de entender. Mi hermano, que aún vivía en casa, estaba tan desconcertado como mis padres. Las palabras tranquilizadoras de todos ellos no servían de nada. Y si me llevaban abiertamente la contraria podía ocurrir que yo los situara entre mis enemigos.

Una tarde me enfrenté con mi padre y mi hermano: «¿Qué pasa aquí? ¿Qué me estáis ocultando?», quise saber. En un primer momento los dos trataron de hacerme entrar en razón con buenas palabras. Pero yo seguí acosándolos furiosamente para que me dieran una respuesta, hasta que mi hermano acabó perdiendo la paciencia: «¡Cállate!», gritó al final y se marchó frenético a su cuarto.

Mi padre también se hartó de mis recelos y se marchó horrorizado a su despacho. Yo me quedé solo hecho una furia. No creía nada de lo que decían mi padre y mi hermano. Tenía la firme convicción de que ambos estaban al corriente del «sistema» que me vigilaba.

Fue para todos nosotros una época atroz. Yo no tenía ningún diagnóstico, ninguna explicación de lo que me ocurría. No había ayudado ninguna psicoterapia; ningún médico o psicoterapeuta había podido o querido decirme lo que me ocurría.

Pero todos notábamos que mi vida se me escapaba de las manos.

DEJAD TODA ESPERANZA

Luego llegó, en febrero de 1994, mi completo derrumbamiento en casa de mis padres y fui a parar a la unidad de aislamiento de la clínica psiquiátrica de la Universidad de Friburgo. Allí las ventanas estaban enrejadas y la puerta siempre cerrada. Ya al día siguiente tuve una primera entrevista con un médico auxiliar. Mi padre había ido también a la clínica. Estaba hundido, eso era evidente, hundido, y durante la entrevista vi incluso que lloraba. «¿Quiere usted atentar contra su vida?», preguntó el médico. Me quedé completamente sorprendido. «No», respondí. En Alemania está permitido el tratamiento forzoso si hay peligro propio o ajeno. Dado que yo había destrozado mi habitación y agarrado por el cuello a mi madre, cuando quiso impedírmelo, la cuestión del peligro ajeno estaba clara. «¡Aquí no hay micrófonos!», había dicho mi madre, pero yo lo había interpretado como un ataque personal, como un intento de mis padres de ocultarme la verdad. En mi percepción paranoica, había actuado en defensa propia. Para el médico, sin embargo, el caso habría sido más claro si además hubiera expresado mi intención de suicidarme.

Durante los días siguientes, los médicos intentaron primero convencerme de que era mejor para mí tomar medicamentos. Pero no procedieron precisamente con tacto o habilidad, sino sobre todo presionándome. Cada día se celebraba la denominada tertulia matinal. En ella, los pacientes se sentaban en círculo alrededor de un médico que moderaba la tertulia. Cada cual, uno tras otro, contaba cómo se sentía. Casi todos los pacientes, por supuesto, se sentían fatal. Tenían depresión aguda o eran —como yo— paranoicos o padecían otra grave enfermedad mental. Pero allí teníamos que decir cómo estábamos. Cuando me tocó a mí, dije muy poco. «¿Cuándo tomará por fin los medicamentos, señor Gauger?», replicó entonces el médico. Parecía impaciente. Comprendí que no me iban a dejar mucho más tiempo. Una enfermera intentó convencerme de que era mejor para mí tomar las medicinas. Cuando reaccioné negándome a ello, dijo: «¡Pronto no será mera oferta, señor Gauger!». Uno de los enfermeros que tenían servicio nocturno me dijo poco después con una sonrisita: «De aquí no sale nadie sin haber tomado sus medicamentos».

La verificación de mi historial clínico, la anamnesis, la llevó a cabo una joven psicóloga, que, entre otras cosas, me preguntó: «¿Ha observado en los últimos tiempos si algunos programas de televisión o de radio, o artículos de periódico, contenían mensajes dirigidos a usted?». «No», respondí. Todos estos eran también síntomas típicos de una esquizofrenia paranoide. Pero yo no había recibido mensajes del periódico ni de la televisión. Esos síntomas los desarrollaría en posteriores episodios de la enfermedad. Yo solo me sentía cercado por micrófonos y así se lo dije a los enfermeros y a los médicos auxiliares. La joven psicóloga me hizo algunas preguntas más, pero no sé a qué conclusión llegó.

En aquella época yo apenas sabía nada sobre medicamentos para enfermedades mentales, los llamados «psicofármacos». Pero sí sabía que se trataba de fármacos potentes con graves efectos secundarios, que en su momento también aparecieron en mí, y he de decir que, en ese aspecto, yo rechazaba por un saludable instinto los neurolépticos empleados en el tratamiento de las psicosis. Lo que no sabía es que en realidad solo los neurolépticos pueden ayudar de un modo efectivo a los enfermos de esquizofrenia paranoide y son, por tanto, imprescindibles en el tratamiento.

Por graves que sean los efectos secundarios de esos neurolépticos, son la única posibilidad de liberarse de los síntomas de esa enfermedad.

Con el paso del tiempo, los neurolépticos de segunda generación, los denominados «neurolépticos atípicos», son la norma. Por lo general se toleran mejor que los neurolépticos típicos. Según mi experiencia, las nuevas sustancias activas afectan menos a la capacidad intelectual. Pero también tienen enormes efectos secundarios, sobre todo un, a menudo, enorme aumento de peso.

Me quedé unos tres días en la unidad de aislamiento sin tomar medicamentos. Entonces se presentó de pronto el profesor Schmidt, el jefe de servicio. Junto con un ayudante entró en mi habitación, que compartía con otro paciente. Tuvo conmigo una conversación de dos minutos escasos. Luego preguntó:

—¿Cuándo va a tomar por fin los medicamentos, señor Gauger?

—Prefiero no tomarlos —respondí una vez más.

—Bueno, entonces hemos de recurrir al tribunal de tutelas.

El profesor se levantó, se dio bruscamente la vuelta y abandonó la habitación junto con el ayudante. El juez del tribunal de tutelas apareció unos dos días después.

—Ante el tribunal, señor Gauger, no tiene usted prácticamente una alternativa real —me informó—. Si hay un procedimiento judicial, lo que se cierne sobre usted es, probablemente, una incapacitación por largo tiempo. Si firma voluntariamente el convenio de tratamiento, el daño será menor.

Así que firmé, obligándome de ese modo a recibir tratamiento medicamentoso durante un periodo de como mínimo siete semanas.

Esa misma tarde el enfermero de la sonrisita burlona me entregó un vaso lleno hasta los bordes de Haldol y me dijo: «Qué bien que haya entrado en razón, señor Gauger».

El Haldol (sustancia activa: haloperidol) es un potentísimo neuroléptico que ya se empleó con frecuencia a princpos de los años sesenta en los hospitales psiquiátricos europeos y que hoy se sigue aplicando por su rápida eficacia sobre todo en los estadios agudos de la enfermedad. En mi aparato digestivo, ese vaso de Haldol cayó como una bomba. Ya a los pocos minutos tuve espasmos en el estómago y pedí al enfermero que me llevara al baño. Cuando cerré la puerta y me senté en el retrete, los dolores hicieron que me desplomara medio desvanecido: «¿Qué pasa, señor Gauger? ¿Está usted bien? —preguntó finalmente el enfermero. Yo casi no podía responder, y él exclamó—: ¡Un momento, entro yo!». Abrió la puerta con una llave maestra y me llevó de vuelta a mi habitación.

Aquel vaso fue solo el comienzo. Al día siguiente me dieron Impromen (sustancia activa: bromperidol), otro potentísimo neuroléptico, y la dosis fue también elevada. Me entró un inmenso decaimiento y postración y enseguida dormí casi tres días seguidos. Cuando volví en mí, aparecieron más efectos secundarios: trastornos en la acomodación ocular que me impedían leer, y una torturante incapacidad para permanecer quieto y sentado (acatisia). En aquellos días también empecé a sentir rigidez y a andar con «pasos de robot»: los neurolépticos típicos, y sobre todo potentes, a menudo ocasionan los denominados trastornos extrapiramidales del movimiento. Contra esos molestísimos trastornos me dieron Akineton (sustancia activa: biperideno). El hormigueo en el asiento y los «pasos de robot» cesaron al cabo de unas semanas. También remitieron los trastornos de la acomodación ocular.

Pero desarrollé un apetito enorme, de modo que ya en la clínica empecé a aumentar de peso. Antes había sido un fumador ocasional. Pero en la clínica empecé a fumar sin control alguno, y poco a poco tuve una necesidad casi maníaca de encenderme un cigarrillo tras otro. Algunos días fumé cinco cajetillas.

Pasaba la mayor parte del día en el balcón de fumadores del departamento de la sección de incomunicados. Y no solo era yo: casi todos los pacientes de aquella planta eran fumadores empedernidos y pasaban el tiempo en aquel diminuto balcón que parecía un corral de gallinas y cuyos ceniceros siempre estaban rebosantes.

En aquel entonces yo no sabía de dónde me había venido de súbito aquella adicción a la nicotina. Hoy sé que estaba en relación directa con los medicamentos. La nicotina anula en parte los efectos inmediatos y secundarios de los neurolépticos, de manera que los pacientes se sienten algo más aliviados. Por eso muchos de los pacientes que se ven obligados a tomar esos medicamentos son fumadores compulsivos.

También es verdad que los neurolépticos causaron en mí el efecto deseado. Mi paranoia fue remitiendo claramente. Poco a poco resultó de nuevo imaginable una vida hasta cierto punto normal. Durante los meses que precedieron a mi ingreso en la clínica en febrero de 1994, me encontraba tan rematadamente mal que sin esos neurolépticos estaba claro que no podía seguir viviendo. Por tanto, visto con objetividad, no cabía duda: yo necesitaba esa medicación.

La vida en la planta incomunicada era de una monotonía aplastante: tertulia matinal, reparto de medicamentos, almuerzo, cena, reparto de medicamentos, dormir. Había algunos juegos de mesa como Monopoly, pero apenas libros, no había futbolín ni mesa de billar. Los pacientes apenas hablábamos unos con otros. Casi todos tenían la misma mirada triste, desesperanzada. Yo me sentía como en el infierno de Dante, donde, sobre la puerta de entrada, ponía: «Dejad toda esperanza los que entráis».

Y yo también dejé toda esperanza y poco después de empezar con la terapia medicamentosa caí en la depresión. Hasta el día de hoy no sé con seguridad cuál fue la causa. ¿Era la depresión poses-quizofrénica que muchas veces sigue al episodio psicótico y luego, en el transcurso de los meses siguientes, decrece gradualmente? ¿O la causa de la depresión era la medicación, cuyo efecto era en verdad fulminante? Junto a todos los otros efectos secundarios se agotó en mí la libido. No me volví del todo impotente pero pronto tuve bastante más interés por la comida y los cigarrillos que por el sexo.

Al cabo de unas dos semanas me trasladaron a la planta privada y abierta. Mis padres son funcionarios y yo también tenía un seguro privado. En mi condición de paciente privado tenía derecho a que me tratara el jefe de servicio. Por eso, entre otros, también me trataba el profesor Schmidt. Yo, sin embargo, solo lo veía en sus eventuales visitas. La planta privada tenía unos colores algo más animados y estaba amueblada con un poco más de confort. Entre las dos no había una gran diferencia: eso sí, yo también podía salir de allí y pasear por el jardín de la clínica. Había un televisor en una sala común, pero no había ninguna posibilidad de distraerse o de jugar.

En aquel tiempo tuve también el honor de someterme a un test de inteligencia. Me abrí paso a través del cuestionario y la psicóloga que lo valoró a continuación me comunicó: «El test ha resultado bastante bien. Tiene usted una inteligencia superior a la media, señor Gauger». Someter a un test de inteligencia a una persona que está bajo la influencia de medicamentos en alto grado extenuantes y que además sufre tal vez depresiones es, desde mi punto de vista, una idea peregrina. Es más o menos como dar un fuerte martillazo en la cabeza a una persona e inmediatamente después plantearle una serie de complicadas preguntas. Hoy me sigue extrañando que yo superase ese test con un resultado aceptable. Bajo la influencia de los neurolépticos típicos mi capacidad cognitiva estaba reducidísima. Muchos meses después de mi estancia en la clínica seguía dedicando una tarde tras otra a ver ensimismado mediocres películas de acción. En la videoteca cercana a mi casa era cliente habitual. De otra cosa no era capaz, gracias a los fulminantes medicamentos.

Mi capacidad física se resintió con el tratamiento. Después de unas semanas pude ir al gimnasio en el que antes entrenaba con regularidad. La médica que me permitió la salida me había prevenido: «Empiece despacio, señor Gauger». Una advertencia innecesaria, como vi enseguida. Cuando coloqué mis pesas habituales, no pude hacer nada. No me quedaba fuerza alguna en los brazos. Finalmente me sentí mareado por el esfuerzo, y el sudor me corría por la cara. Estaba hecho polvo y abandoné el gimnasio profundamente deprimido. Unas semanas después me di de baja, ya que la cuota mensual era dinero perdido. Antes del tratamiento corría con regularidad. Y eso, por el tabaco y el sobrepeso, también me resultó cada vez más difícil.

Las terapias complementarias que ofrecía la clínica apenas me ayudaron. Fui siempre a la ergoterapia donde pintaba pañuelos de seda o esmerilaba ceniceros de esteatita. Pero en cuanto empezaba a pensar que solo unas semanas antes era un investigador o periodista en ciernes, mi estado y aquella ocupación de la ergoterapia me resultaban ni más ni menos que deprimentes.

Fui también a la psicoterapia de grupo, de la que siempre sospeché que era un producto de la penuria económica, al no poder ofrecer a los pacientes terapia individual. Allí los pacientes estaban sentados en corro en torno a una psicóloga, igual que en la tertulia matinal. Al comienzo de la sesión preguntaba la psicóloga:

—¿De qué tema hablamos hoy? Quien quiera puede hacer propuestas. *(Entonces un paciente pedía la palabra:)*
—Me gustaría hablar de los problemas que tengo con mi mujer. *(Otro decía:)*
—Yo ya no estoy a gusto en mi trabajo. Me gustaría hablar de eso. *(Una paciente decía:)*

—Desde que estoy depresiva ya no me entiendo con mi marido ni con mis hijos. Esto es lo que ahora más me preocupa.

La psicóloga elegía uno de esos temas que a continuación discutíamos en el grupo. A mí, por desgracia, aquellas sesiones no me aportaron nada. Los pacientes eran sencillamente demasiado distintos en sus diagnósticos, sus necesidades y sus problemas. Todo aquello tenía muy poco que ver con mi enfermedad.

Que a mis padres no se les informara sobre mi tratamiento ni se contara de un modo u otro con ellos, aún hoy sigo considerándolo escandaloso. Cuando sobre todo mi madre insistía en hablar con los médicos, estos reaccionaban con irritación. Estoy seguro de que en la clínica ya pronto tuvo fama de ser una problemática *Übermutter*, una sobreprotectora madre española. Pero el deseo de mis padres era desde luego legítimo: en primer lugar, ellos me conocían mejor que los médicos y, después, a más tardar en cuanto me dieran de alta, toda la carga emocional, organizativa y económica recaería sobre ellos. Por tanto, sin duda alguna tenían derecho a saber lo que me ocurría y cómo debían comportarse conmigo.

El hecho es que ni ellos ni yo sabíamos el diagnóstico. Los médicos no me dijeron nunca con claridad que padecía de esquizofrenia paranoide. «Tome usted los medicamentos, entonces recobrará el equilibrio y el sosiego», es lo que me decían. Mis padres se enteraron del diagnóstico… por la primera factura. Allí ponía: «esquizofrenia paranoide». Para mis padres, ese gravísimo diagnóstico fue un duro golpe.

Con el tiempo se ha corregido ese precario estado de cosas y las clínicas suelen ofrecer cursos de psicoeducación. En ellos se proporciona a los pacientes los datos más relevantes sobre su enfermedad. También organizan grupos de familiares. Pero en 1994 no era ese el caso. Durante todo el tiempo que estuve ingresado (y después tampoco), mis padres no consiguieron hablar con el profesor Schmidt. Los correspondientes médicos de planta tampoco consideraron necesario tener una conversación detallada con ellos sobre mi caso. Cuando pedían esa conversación, se les negaba a menudo indicando que los médicos no querían poner en peligro la base de confianza que había entre ellos y yo. Pero eso era un argumento absurdo. En primer lugar, entre los médicos y yo no existía verdadera confianza. Ya a los pocos días de mi traslado a la planta de pacientes privados me escabullí, tomé un taxi y me fui a casa. Como es natural, tuve que volver. Al fin y al cabo había firmado un acuerdo en el que me obligaba a seguir un tratamiento durante siete semanas como mínimo. Pero yo detestaba esa clínica, y el tratamiento fue siempre para mí como un mal sueño. Y en segundo lugar mis padres, lógicamente, querían saber cómo estaba yo y aportar una información que solo ellos conocían.

Con todo, al principio de mi estancia en la clínica mis padres tuvieron una entrevista con una médica auxiliar. Esta les comunicó que mis perspectivas vitales y profesionales no eran muy risueñas y que lo mejor para mí sería una readaptación profesional en una clínica de rehabilitación en la que aprendiera un oficio manual. No es necesario decir que después de esa conversación mis padres estaban hondamente deprimidos.

Al cabo de siete semanas, efectivamente, me dieron de alta. Pero yo sufría fuertes depresiones y en casa estaba siempre en la cama, por lo que dos semanas después me ingresaron de nuevo; esta vez para tratar mi depresión posesquizofrénica que, posiblemente, era más bien posmedicamentosa. Además de los neurolépticos tomaba también antidepresivos.

Las depresiones que padecía me hacían sufrir mucho más que la psicosis. En la psicosis yo era una persona activa, cargada de energía, a veces incluso casi maníaca. No tenía conciencia de estar enfermo. Sentía que la razón estaba de mi parte y consideraba reales los peligros imaginarios. Tampoco se descubren en la fase psicótica las ilusiones de los sentidos. En la fase posesquizofrénica vi de golpe y con toda claridad que había sido víctima de una perniciosa enfermedad. Mi autoestima se derrumbó por completo. Además sufría todos los síntomas típicos de la depresión: tenía sueño, estaba apático, abatido, reducido en todo tipo de actividad y me torturaba el miedo existencial y la falta de perspectivas. Y por otra parte los enormes efectos secundarios de los medicamentos me paralizaban.

Lamentablemente, los antidepresivos apenas surtieron efecto. Dado otra vez de alta, pasé algún tiempo en una clínica de día, pero el programa diario me resultaba vacío de contenido y aburrido. Mi salvación fueron unas prácticas en una librería que me procuró el asistente social de la clínica. En ella yo clasificaba y tramitaba sobre todo las fichas de los nuevos pedidos. Los compañeros de la librería eran muy amables conmigo y tampoco les importaba que, por mi adicción a la nicotina, tuviera que salir constantemente a la calle. Pero las prácticas se terminaron al cabo de unas semanas y yo continué con mi depresión en casa de mis padres. En conjunto, el balance resultó catastrófico: era el verano de 1994, yo estaba gravemente afectado, psíquica y físicamente, por el brutal tratamiento a que me habían sometido. Entre otras cosas, fumaba sin parar y había engordado. Pero tuve una idea.

En 1990 había recorrido en bicicleta, con dos amigos, el camino de Santiago desde Pau, en el sur de Francia, hasta Santiago de Compostela. ¡Fue fantástico en aquella época! Ahora quería hacer el mismo camino a pie. Mi madre y algunos familiares españoles y alemanes se ofrecieron a acompañarme durante la primera semana. Sin embargo, uno de los médicos jefes de la clínica, que me atendía en su consulta privada, no quería en absoluto permitirme que me marchara:

—Tan pronto después de una psicosis grave no es posible, señor Gauger. Aún ha de tener prudencia. Una marcha a pie durante un mes es demasiado para usted. Bajo ese estrés podría retornar la psicosis —me dijo.

Pero para mí era de enorme importancia tener en aquellas circunstancias un objetivo concreto que pudiese alcanzar a pesar de la enfermedad y los medicamentos. Así pues, a finales de julio me puse en camino. Partimos de Estella, un pueblo de la provincia de Navarra. Desde Burgos, la capital histórica de Castilla, caminé solo. Seguía en muy mal estado físico y anímico y fumaba un cigarrillo tras otro. En agosto, sobre todo durante el trayecto por la meseta entre Burgos y León, el calor era asfixiante. Las medicinas me producían un cansancio fabuloso, de forma que al final de cada etapa, cenaba nada más llegar y me iba a la cama. Por la mañana me levantaba y hacía la etapa siguiente. Mi vida diaria consistía en caminar, comer, dormir. Pero finalmente conseguí recorrer todo el camino y a finales de agosto, al cabo de cuatro semanas, llegué a Santiago.

Mi experiencia del año 1994 como paciente en una clínica psiquiátrica fue un descenso a los infiernos: peor que una prisión. En esta solo lo encierran a uno y lo privan de la libertad. En la clínica me obligaron a tomar medicamentos con enormes efectos secundarios que me transformaron en pocas semanas en una ruina física y psíquica. Ese tratamiento forzoso fue un duro golpe que me dejó traumatizado durante largo tiempo.

No me cabe la menor duda de que entonces el tratamiento medicamentoso era necesario. Pero la manera en que se llevó a cabo en aquella clínica fue ofensiva, autoritaria, despiadada y degradante. Y lo vivido por mí no es, lamentablemente, una excepción. Para muchos pacientes de hospitales psiquiátricos, el primer ingreso y tratamiento forzoso equivale a una profunda fractura en su vida: una herida que se cierra muy difícilmente. En ellos también se divide la vida desde ese trance en una vida normal y, con frecuencia, exitosa, antes de la psicosis y una vida problemática, determinada por deficiencias profesionales, sociales y personales, después de la psicosis. Por eso muchos afectados rechazan radicalmente lo que ellos denominan «psiquiatría forzosa» (tratamiento psiquiátrico forzoso) y luchan en las correspondientes asociaciones por su supresión. Yo lo veo de otra manera.

Un tratamiento forzoso puede ser necesario y útil. Para el paciente y para sus familiares una esquizofrenia paranoide representa a la larga un estrés tan enorme que habría que tratarla a toda costa, incluso si el paciente, condicionado por su enfermedad, no tiene conciencia de ella y rechaza la medicación. A mi juicio, para el tratamiento forzoso ni siquiera tiene que haber peligro propio o ajeno. Pero justo en un caso así, el personal médico ha de proceder con sumo respeto y máxima sensibilidad. Antes de mandar aplicar el tratamiento forzoso deben quedar realmente agotadas todas las posibilidades argumentativas y, por supuesto, hay que poner al enfermo al corriente de su estado. Un tratamiento forzoso a toda marcha y sin más rodeos, sin el menor signo de empatía con el enfermo, sin explicaciones ni diagnóstico, pero con elevadas dosis de medicamentos de gravísimos efectos secundarios: eso yo lo rechazo tajantemente. Quien ha vivido algo así, ha volado, en efecto, sobre el nido del cuco.

RECAÍDA PROGRAMADA

Si se leen las ponencias de eminentes psiquiatras con ocasión de sus grandes congresos científicos, parece que hoy ya se han resuelto casi todos los problemas relacionados con la esquizofrenia. Los expertos hablan de una enfermedad fácil de tratar para la que existe un gran número de medicamentos muy efectivos. Quienes han contraído esa enfermedad —afirman— pueden hoy, en principio, llevar una vida normal y autónoma, incluso en el terreno profesional. Tal como yo lo veo, la realidad es otra.

Los enfermos tienen cierto riesgo de recaer y a menudo son más inestables anímicamente que las personas sanas. Además, los afectados siguen sufriendo los efectos secundarios de los medicamentos. Entre ellos está el constante aumento de peso. En nuestra sociedad se considera a menudo a las personas obesas débiles de carácter, gente que no domina su «voracidad».

Desde que se declaró la enfermedad ya no fui el mismo. Había perdido seguridad en mí mismo, y confiaba mucho menos en mis fuerzas. Tenía menos estabilidad y estaba traumatizado por la experiencia de la clínica.

También en las relaciones sentimentales las personas que padecen esquizofrenia crónica lo tienen difícil. La disposición genética es un factor fundamental en el origen de la enfermedad. En mi familia, sin embargo, no se conocía hasta entonces ningún caso. No obstante, los estudios con mellizos muestran de modo inequívoco que la esquizofrenia, en no poca medida, está condi-

cionada genéticamente. Si uno de los progenitores tiene esquizofrenia, para el hijo existe una probabilidad claramente mayor de
contraer esa enfermedad en el transcurso de la vida. Las personas
con esquizofrenia crónica que buscan pareja están en la situación
de muchos otros enfermos mentales que padecen la enfermedad
desde hace tiempo: a menudo conocen a sus parejas durante estancias en clínicas o en servicios de terapia ambulatoria. Entonces
la pareja de ese enfermo o de esa enferma es también una enferma
o un enfermo. En tal relación de pareja existe, lógicamente, una
comprensión básica para el padecimiento del otro. Sin embargo,
se encuentran así dos personas que han de luchar con enormes
limitaciones. Yo, por mi parte, antes de la enfermedad no tuve
problemas para encontrar novia y para tener una relación estable
de pareja. Era optimista, alegre, estaba delgado y hacía deporte.
Después de caer enfermo, durante años no pude iniciar una relación sentimental con ninguna chica. De hecho, me volví muy
reservado frente a casi todas las mujeres que conocía y que me
gustaban. Temía sus reacciones a mi enfermedad y al hecho de que
yo tomase medicamentos con regularidad. A mí mismo me producía rechazo mi estado físico y mental.

Quien enferma de esquizofrenia por mucho tiempo, a menudo solo le queda el segundo mercado de trabajo* o incluso el
trabajo en un taller para discapacitados, tal como les explicó entonces aquella médica a mis padres. Precisamente los hombres
contraen la enfermedad en edad adulta relativamente temprana,
con frecuencia antes de los treinta años. Pero esos son los años
decisivos cuando se trata de encauzar la vida profesional. Las in-
terrupciones en la planificación de la carrera profesional, debido

---

* En los países de habla alemana, el «segundo mercado de trabajo» abarca
todos los contratos laborales subvencionados por el Estado. Su objetivo es
integrar a los que ejercen ese trabajo en el mercado laboral regular o «primer
mercado». La prensa crítica desaprueba las medidas del segundo mercado laboral por su poca eficacia. *(N. de la T.)*

a la enfermedad, son a menudo funestas. Por lo general, el empleador se entera de la enfermedad. En ese caso, un ascenso a posiciones de más responsabilidad queda casi siempre descartado. En esas condiciones ya es una gran suerte si se conserva el puesto de trabajo y se logra la reincorporación. Muchos afectados se jubilan tras la aparición de la enfermedad. Si la pensión no basta, esas personas tienen que solicitar además la cobertura básica de la seguridad social. Especialmente problemática es la situación para gente como yo, porque cuando se manifestó con fuerza la enfermedad aún no había adquirido derecho a pensión alguna. Cuando recibí el diagnóstico, a los 28 años, estaba trabajando en la tesis doctoral. Quien en tal situación enferma de esquizofrenia solo cuenta con la familia o con la cobertura básica o con ALG II (Hartz IV),* si a pesar de la enfermedad todavía puede estar a disposición del mercado de trabajo.

El estigma social, otra carga que pesa sobre los afectados por la enfermedad, sigue siendo enorme. Las personas con esquizofrenia paranoide pasan por ser imprevisibles, peligrosas e incluso, a menudo, débiles mentales. En los informativos y en los periódicos aparecen con frecuencia, presentados de forma sensacionalista, casos espectaculares en los que un enfermo, en su delirio, quizás ha atacado a un miembro de su familia o a algún personaje famoso. Tales cosas suceden, en efecto. Por otra parte, esa presentación en los medios, a veces tan estridente, lleva con demasiada rapidez a la conclusión equivocada de que todas las personas que padecen de esquizofrenia son un peligro para su entorno. En realidad solo una escasísima minoría comete actos violentos. Mucho más a menudo, estadísticamente, corre peligro el ciudadano corriente de ser

---

* ALGII (iniciales alemanas de «subsidio de desempleo II»), conocido popularmente como «Hartz IV» (por el apellido del consejero del canciller Schröder que elaboró ese sistema de subsidio), es la prestación que se concede en Alemania a las personas desempleadas y en edad de trabajar. Debe cubrir las necesidades básicas. *(N. de la T.)*

asaltado, herido o incluso asesinado por una persona rebosante de salud que actúa por motivos abyectos.

De una manera general, se considera que en el grupo de los enfermos mentales los actos de violencia no están más extendidos que en el grupo de las personas sanas. Quienes padecen de paranoia presentan sin duda una cuota algo más elevada de actos violentos, pero estos suelen aparecer en combinación con el consumo de drogas o de alcohol. Si toman los medicamentos adecuados, los enfermos son tan inofensivos como cualquier ciudadano medio. Por tanto, la mejor manera de prevenir actos de violencia es la oportuna asistencia médica a las personas que sufren la enfermedad.

En lo relativo a los efectos secundarios, los psiquiatras, por desgracia, me dejaron completamente solo. Los médicos quieren conseguir que el paciente tome los medicamentos, y entonces, indudablemente, una explicación amplia y detallada de los efectos secundarios no es siempre útil. Tiene prioridad el objetivo de proteger al paciente, y a la sociedad también, por supuesto, contra la enfermedad y sus posibles consecuencias. Y muchos psiquiatras trabajan en estrecha colaboración con la industria farmacéutica. En mi primer tratamiento, los médicos no perdieron una palabra sobre los efectos secundarios a largo plazo. En el curso del tratamiento engordé progresivamente. Pero ninguno de los médicos tocó jamás ese tema. Veían lo que pasaba con mi cuerpo, pero evitaban el tema. Si lo abordaba yo mismo, la respuesta estándar era: «¡Haga deporte!». Pero, si se toman esos medicamentos al mismo tiempo, el deporte no suele llevar a una reducción de peso. Se tiene simplemente un apetito desmesurado y se come mucho más que antes: con deporte o sin él.

Mi madre también estaba preocupada por mi aumento de peso. Una vez le dijo al doctor Pohl, mi psiquiatra de entonces:

—Yo creo que Klaus, realmente, está engordando cada vez más con esas medicinas.

—Bueno, yo también estoy engordando últimamente —fue la respuesta del médico.

El doctor Pohl era bajito y fornido, y sin duda tenía algunos kilos de más. Pero no era comparable con mi constante y evidente aumento de peso. En pocos años, a partir de 1994, me transformé en un voluminoso tonel. A finales de los noventa pasé por la tortura de diversas dietas de adelgazamiento y perdí cada vez hasta 20 kilos. Pero como el problema fundamental —mi aumento de apetito a causa de los medicamentos— seguía existiendo, volvía a engordar enseguida, hasta que, por regla general, pesaba más que antes. El famoso *efecto yoyó*. Finalmente, mi peso se estabilizó en torno a los 120 kilos: tenía así un exceso de más de 40 kilos.

Asimismo, ningún médico tematizó nunca el hecho de que apenas tuviese interés por la actividad sexual. Sin embargo, los afectados sufren también bajo ese efecto de los medicamentos.

Quien padece la enfermedad se ve obligado a llevar en varios aspectos una doble vida. Hacia afuera trata de ser normal, aunque sabe que está muy reducido en sus posibilidades. En mi caso esto ocurrió debido a la misma enfermedad: hasta 2014 siempre quedaron síntomas residuales que se me presentaban en un constante delirio de perjuicio: siempre tenía la impresión de que por la calle la gente me conocía y me observaba. Veía continuamente a gente que silbaba o bostezaba despectivamente cuando pasaba frente a ella. Sin duda eran también alucinaciones visuales, y por supuesto yo me imaginaba que esos extraños me conocían. Pero debido a esos síntomas residuales, permanecía en alarma constante y me movía por la ciudad como si estuvieran observándome. Por tanto, a pesar de las medicinas que tomaba, no estaba libre de síntomas.

El estigma social obliga además a ocultar la enfermedad. Los esfuerzos constantes por silenciarla dejan en el enfermo daños psiquiátricos y generan rencor contra una sociedad que obliga a mantener esa táctica del silencio y a llevar esa doble vida.

Y especialmente injusta es esa doble vida forzosa cuando afecta al mercado del trabajo. Las personas con discapacidad física, ya sean ciegas, sordas, cojas o les falte quizás un brazo, pueden hablar abiertamente de su limitación sin perder por eso sus perspectivas en el mercado de trabajo. Las personas con esquizofrenia no tienen otra posibilidad que silenciar su enfermedad cuando buscan trabajo. La sociedad las deja casi por completo en la estacada, porque apenas hay un apoyo efectivo profesional o medidas compensatorias para las personas que padecen tal enfermedad. Si acaso, ocurre una reincorporación al trabajo profesional solo a nivel de actividades sencillas, sobre todo manuales. En ese campo, ya el trabajo de administrativo en una empresa viene a ser una de las opciones más favorables.

En el segmento inferior profesional, las entidades responsables de medidas de rehabilitación, como la Seguridad Social o la Oficina del Trabajo, ofrecen cierto apoyo. Hay talleres para discapacitados en los que también pueden encontrar trabajo los enfermos mentales. Pero lo que no está previsto es que las personas diagnosticadas como esquizofrénicas trabajen en posiciones de un nivel más alto. Por tanto, quien —como yo— tiene una formación universitaria y un doctorado en filología germánica se queda entre las astas del toro y no le cabe sino silenciar su enfermedad y competir con solicitantes de empleo que gozan de buena salud.

Por el estigma característico de la enfermedad, la mayor parte de los enfermos no tratan de informar sino a aquellos en quienes pueden confiar. En mi caso mi familia era la única conocía toda la dimensión de mi enfermedad. A la mayoría de mis amigos y conocidos solo les contaba que había tenido un ataque de paranoia. Eso era verdad, pero no toda la verdad. Amigos íntimos como Pierre sabían más, ya que hablaba con ellos más abiertamente sobre mis síntomas y mi tratamiento.

Un problema consistía en que mis psiquiatras no proporcionaban auténtica información. De hecho, nunca hablaron conmigo detenidamente sobre la evolución y las perspectivas a largo plazo de esa enfermedad. Tampoco me informaron relativamente a fondo sobre los medicamentos, sobre sus efectos tanto inmediatos como secundarios. Mis padres, asimismo, solo pudieron hablar raras veces con ellos. Durante mi primera estancia en la clínica los psiquiatras se limitaron a comunicarme que tenía que tomar los medicamentos durante un año o dos y que entonces probablemente ya habría remitido la enfermedad. Esos casos existen, sin duda, pero son pocos. Por lo general, y por desgracia, la esquizofrenia sigue un desarrollo crónico. El enfermo ha de tener entonces la suerte de encontrar un medicamento adecuado o una combinación adecuada de medicamentos que tolere y con la que pueda vivir, de modo permanente, libre de síntomas.

Cuando salí de la clínica a comiezos del verano de 1994, mis padres se quedaron horrorizados al ver mi estado: apático, depresivo, reducido intelectualmente, había engordado mucho y fumaba un cigarrillo tras otro. Nadie los había preparado para eso. ¿Cómo hacerle frente? Primero lo intentaron con llamamientos morales. Mi madre me sacaba de la cama por la mañana, para que no durmiera tanto tiempo, y ambos me exhortaban a no comer ni fumar tanto. Mi padre me animaba a recuperar el interés por temas intelectuales.

Sin embargo, todo era completamente inútil. Quien no conoce los neurolépticos y sus efectos y quien no ha vivido esos efectos en carne propia no puede entender por qué los enfermos tienen adicción a la comida y a la nicotina, por qué sienten tan a menudo cansancio y abatimiento y pierden casi siempre el interés por la literatura, la cultura y la política.

Mis amigos reaccionaron de modo parecido: me dijeron que adelgazara y que fumara menos. Y esa era, en el fondo, la mejor variante, porque había amigos que se burlaban de mi estado. Pero también los llamamientos morales me resultaban difíciles de soportar. En la clínica, aparte de mis padres y de algunos familiares, solo vino a verme Pierre.

El desconcierto de mis amigos y conocidos se manifestó una y otra vez en aquella época. Cuando en la primavera de 1995 di una pequeña fiesta en casa, un amigo me llevó de regalo un libro con el título *Micrófonos espías*. Era un pequeño manual técnico que giraba en torno a los dispositivos de escucha que se usan en el espionaje profesional. Algunos de ellos me exhortaban también a dejar los medicamentos y a «empuñar otra vez las riendas de mi vida». Simplemente no podían imaginarse cuán grave era mi enfermedad y que yo dependía de unos medicamentos de tan graves efectos secundarios. Esto también era aplicable a Pierre, que estudiaba medicina y que fue médico después. Pero él no tenía muy buena opinión de la psiquiatría y por eso me aconsejó que prescindiera de esos medicamentos que me dejaban tan reducido.

Un amigo que llevaba más de diez años estudiando en la universidad me arrastró una vez por el barro delante de su novia y de otros amigos: «Tú eres una ruina, estás totalmente acabado, ¿y quieres darme consejos?». Yo solo le había preguntado antes cuándo quería terminar la carrera.

Son experiencias por las que pasé repetidas veces: la gente de mi entorno se había enterado de que había ido a dar con mis huesos en una clínica psiquiátrica. Algunos hasta sentían una disimulada alegría. Y continuamente se servían de mi estado para denigrarme.

Los años que siguieron a mi primer ingreso en una clínica psiquiátrica fueron años perdidos. Mis amigos siguieron viviendo su vida. Terminaron los estudios, encontraron trabajo y la mayor parte de ellos se trasladó a otras ciudades. Mi vida, en cambio, quedó estancada.

En casa me sentía reducido al papel del niño pequeño que se ve continuamente reprendido. Mi hermano también estaba consternado. Más tarde le dijo a mi madre que entonces se sintió como si hubiera perdido a su hermano. Con el paso del tiempo, mis padres se ayudaron ellos mismos y, para informarse, compraron libros especializados y guías prácticas sobre el tema de la esquizofrenia. También entraron a formar parte de un grupo de familiares. En ese grupo se reunían padres de hijos casi siempre esquizofrénicos —adolescentes y adultos jóvenes—, para cambiar impresiones. Ese grupo les ofrecía cierto apoyo. Pero no podía ser un verdadero equivalente a las conversaciones que no tenían con mis psiquiatras.

Las citas con el psiquiatra eran casi siempre muy breves y limitadas. Hablábamos de lo imprescindible: mi actual estado psiquiátrico y mis medicamentos. Y el médico me extendía después una receta. Fin de la entrevista. Muy raras veces se tematizó mi futuro profesional. Sin embargo es un tema central en esa enfermedad: ¿qué perspectivas siguen siendo realistas? Los psiquiatras piensan quizá que eso no es de su competencia o de todos modos dan por hecho que con esa enfermedad ya no se puede ejercer una actividad responsable.

Por lo que toca a mis síntomas residuales, mi constante delirio de perjuicio, mis padres no sospechaban nada. Daban por sentado que los medicamentos cumplían bien su función. A mis psiquiatras sí se lo decía a veces, pero eso no era para ellos motivo de que cambiaran algo en los medicamentos o en la dosis. Por lo visto se daban por satisfechos si yo no perdía por completo los estribos sino que funcionaba de modo medianamente pacífico y normal. Visto en retrospectiva, me resulta incomprensible por qué no pensaron en eliminar por completo mi delirio, optimizando la farmacoterapia. Esa estrategia era, por supuesto, peligrosa, porque yo seguía estando con un pie en el delirio: y de ese modo nunca pude ver con perfecta claridad todo el alcance de mi enfermedad. Es decir, yo creía, en efecto, que la gente me observaba y me controlaba con sorna y malignidad. Con ello estaba programada la recaída.

MI ESQUIZOFRENIA
RESURGE CON FUERZA

Que los medicamentos habían hecho retroceder mis convicciones paranoides, pero no las habían eliminado de verdad, era algo que sabían los médicos de la clínica. En el informe de 1994, que yo reclamé más tarde, se lee: «Hasta el alta subsisten discretas ideas de referencia ligadas a la temática de la persecución por parte del AstA. También en relación con los sucesos de 1993 (la sospecha de que miembros del AStA querían "acabar con él"), subsiste una discreta duda de si su percepción no habría correspondido a la realidad». Tras el alta en la clínica, acudí a la consulta de psiquiatras locales para continuar el tratamiento. Tardé un año escaso en entregar a mi director de tesis varios capítulos más de mi trabajo con una calidad convincente. A partir de la primavera de 1995 acabé de escribir la tesis y la entregué a finales de 1996. En febrero de 1997 me presenté al examen oral y obtuve con *magna cum laude*, la segunda nota más alta. Fue un doble éxito,* dado mi estado que seguía siendo crítico. En aquellos años no solo tendía a la depresión, tampoco estaba bien físicamente. Liaba y fumaba un cigarrillo tras otro y me había habituado a comer demasiado, de manera que aumentaba constantemente de peso.

---

* El examen de doctorado alemán consta de dos partes independientes entre sí. La parte escrita es la tesis doctoral. La parte oral consta de temas de la carrera que no tienen que ver con el tema de la tesis. *(N. de la T.)*

Una vez conseguido el doctorado, me encontré ante la nada. Mi director de tesis, desde su posición, no podía hacer mucho por mí. Traté de encontrar algo con otros profesores, pero fue en vano. Una docente no numeraria que impartía Historia Moderna y Contemporánea me dio empleo como colaborador por algún tiempo. Pero cuando obtuvo una cátedra en otra ciudad, también aquel trabajo pasó a la historia. Mi frustración, por supuesto, era enorme. Veía cómo los años en los que en principio tendría que arrancar la carrera profesional transcurrían velozmente. En mi desesperación hice un intento con el AWD. Un amigo trabajaba ya como asesor financiero para esa empresa, una de las más grandes de Alemania, especializada en servicios financieros de todo género, y me recomendó aquel trabajo diciendo que era una buena posibilidad de conseguir ingresos adicionales. El jefe del AWD, el empresario financiero y *Drückerkönig* [rey de los vendedores puerta a puerta] Carsten Maschmeyer, era famoso entre otras cosas por sus rudas prácticas comerciales; pero también sus estrechos contactos con líderes políticos de la «Hannover-connection» (Gerhard Schröder, canciller federal, Guido Westerwelle, jefe del partido liberal FDP y Christian Wulf, presidente de la República Federal) fueron más tarde objeto de crítica. Yo, sin embargo, lo intenté: solo para caer de pleno en la trampa. El AWD era una de las más siniestras empresas de «ventas multinivel». En ella se reclutan nuevos «colaboradores» (llamados en esos círculos *strukkis*) solo con el fin de vender sus productos a la gente de su entorno (familia, amigos, conocidos). Cuando se ha cumplido esa tarea, puede uno marcharse, o mejor dicho, te muestran la puerta de salida. Eso me ocurrió a mí también. Solo poquísimos *strukkis* superan la fase posterior a la instrucción básica y encuentran el número necesario de clientes para seguir ascendiendo en el sistema de formación y carrera de esas «ventas multinivel». Yo pasé por la formación básica del AWD de Friburgo, en la que había un ambiente eufórico, porque nosotros, los nuevos aspirantes, tendríamos todos al final la posibilidad de hacer una espléndida carrera como asesores financieros. Después de la formación básica, perfectamente elemental y primitiva, nos lanzaron a nuestro entorno personal: porque solo nuestro éxito personal nos haría merecedores de seguir avanzando mediante más cursillos de perfeccionamiento.

En definitiva, solo conseguí conquistar como clientes a mis padres, porque ellos tenían la esperanza de ayudarme así a encontrar trabajo. El director de mi grupo estaba presente en cada una de las entrevistas y les vendió en el curso de los años siguientes varios productos financieros que resultaron ser casi todos un completo fracaso. Y las comisiones beneficiaron mucho más al director del grupo y a los jefes del AWD que a mí. En mi desesperación me había agarrado a un clavo ardiendo y perjudicado con ello a mi propia familia. Aquí también se comprueba que un paciente de esquizofrenia es la víctima ideal de tales prácticas comerciales. Como las perspectivas profesionales son casi siempre más que modestas, esas personas caen con gran facilidad en las garras de tales timadores versados psicológicamente.

Pero hubo también tiempos mejores. A finales de 1998 hice tres meses de prácticas en la sección cultural del *Frankfurter Allgemeine Zeitung*. En esos meses publiqué muchos artículos en las páginas culturales del periódico. Por fin había encontrado un trabajo que me gustaba. Las prácticas en el FAZ se terminaron sin que yo pudiera obtener un empleo fijo. Tampoco lo había esperado: en aquella época el FAZ tenía siempre cuatro becarios de redacción en la sección cultural. Muy raras veces conseguía alguno ingresar como colaborador *freelance* o incluso como empleado en periodo de formación o como redactor. Así pues, desde 1999 estuve otra vez desocupado, salvo lo que me mandaba escribir de vez en cuando aquella profesora de historia y los eventuales encargos periodísticos para periódicos y emisoras de radio. En aquella época volví a encontrarme con Simone, una antigua compañera de la universidad con la que había quedado esporádicamente en contacto y pronto fuimos pareja. Esa relación me dio ánimos. Fue para mí una buena experiencia que, a pesar de mi crítico estado, para Simone aún fuera atractivo y merecedor de afecto. Nuestra relación no siempre fue armónica, pero a nivel intelectual nos entendimos bien.

Mi madre me propuso empezar también a dar clases, porque para quien había estudiado una carrera de letras esa era la opción disponible hasta cierto punto. Me presenté al profesor Hieber, que dirigía en la universidad la sección de alemán para extranjeros. Y en efecto me procuró un curso de alemán que se organizaba cada año para becarios del DAAD, el servicio de intercambio universitario alemán, procedentes del otro hemisferio. Esos estudiantes venían de Sudamérica, de Australia y Nueva Zelanda. Para ellos era un curso de verano que se desarrollaba en el invierno alemán. Mi primer curso en 1999/2000 fue un salto en el vacío; hasta entonces nunca había enseñado ni lengua ni literatura alemanas. Pero salió bien. A mis estudiantes les gustaron mis clases. Y que yo estuviera en situación de ganar dinero como profesor honorario al menos seis semanas seguidas también me ayudó mucho.

Yo tenía, pues, dos ocupaciones precarias, periodista *freelance* y docente de alemán para extranjeros. Con esos dos tambaleantes «pilares de apoyo» llegaba a ganar un máximo de diez mil euros anuales. En la práctica seguía dependiendo de mis padres, pues vivía gratis en su casa y además me pagaban el costoso seguro de enfermedad.

A mi salida de la clínica estuve en tratamiento con diversos terapeutas y psiquiatras: los terapeutas hablaban conmigo y los psiquiatras me recetaban medicamentos. Porque los terapeutas suelen ser psicólogos sin estudios de psiquiatría, faltándoles así la perspectiva biológica. A su vez, los psiquiatras carecen a menudo de la perspectiva psicosocial de la enfermedad. Yo siempre lo he considerado una repartición poco propicia.

Quizás haya psicoterapeutas que aún sigan creyendo que una esquizofrenia paranoide puede curarse con una terapia conversacional, pero yo lo considero imposible. Durante una psicosis se producen cambios bioquímicos en el cerebro. Ahí justamente es donde actúan los medicamentos correspondientes, que en el mejor de los casos restablecen el equilibrio bioquímico. Una esquizofrenia necesita siempre y sobre todo tratamiento medicamentoso: por más que el movimiento antipsiquiátrico, activo sobre todo en las décadas de los sesenta y los setenta, defendiera la tesis de que se podía librar de su padecimiento a los enfermos de esquizofrenia mediante intervenciones psicoterapéuticas. En mi caso venían a añadirse mis síntomas residuales. Seguía convencido de que me vigilaba un sistema técnico y vivía en la ilusión de que los psicoterapeutas, tras una terapia efectiva, me acogerían en ese sistema. Era el marginado que había de encontrar la puerta de entrada. Por eso iba errante de terapia en terapia esperando siempre el momento liberador en que el psicoterapeuta me saludara como miembro activo del sistema. Como nunca sucedía eso, pasé por un sinnúmero de terapeutas. Mi frustración aumentaba con cada terapia fracasada.

Entretanto encontré con el doctor Pohl un psiquiatra que también era psicoterapeuta. En él coincidían la perspectiva del médico que receta medicamentos y que habla con el paciente. Pero el doctor Pohl, que trabaja con terapia del comportamiento, tampoco tuvo una probabilidad de éxito frente a mis síntomas residuales. En último término yo seguía en un estado de delirio, y además no tenía apenas conciencia de estar enfermo.

En aquel tiempo también me cambiaron la medicación —de los neurolépticos típicos al neuroléptico, nuevo entonces, Risperdal (agente activo: risperidona)—, pero eso no cambió nada en mis síntomas residuales. En cambio, el Risperdal me ayudó a trabajar mejor. Afectaba a mi capacidad intelectual claramente menos que el Impromen. Pero aun con una dosis de mantenimiento de cuatro miligramos al día, en principio suficientes, subsistían mis ideas delirantes. El Risperdal tiene también el desagradable efecto secundario de que aumenta el apetito. Así que seguí engordando hasta alcanzar, con una estatura de 1,75 metros, 120 kilos.

Por tanto, yo vivía todo el tiempo con la sospecha paranoide de que los psicoterapeutas y psiquiatras me mentían y engañaban. Y fue una ironía que, en algún momento del año 2000, aterrizara finalmente en la consulta de la doctora Bruhns, cuyo tratamiento dejó mucho que desear. Me la había recomendado el doctor Keller, mi psicoterapeuta de la época anterior al diagnóstico. Me tropecé con él casualmente un día por la calle y me la recomendó. Para mí, por supuesto, no fue casualidad, antes bien, el doctor Keller —así lo veía yo— me había aguardado en la calle para darme ese utilísimo consejo.

En el invierno de 2000 pude entrar en el seguro social para artistas, que también admite a periodistas *freelance*. Cambié así del seguro de enfermedad privado a la seguridad social general. Eso tuvo consecuencias nefastas. La doctora Bruhns no se alegró de tal cambio porque un paciente privado aporta considerablemente más dinero al psiquiatra que uno del seguro general. Pero más grave fue que la médica me redujera la dosis de Risperdal. El Risperdal era entonces un medicamento relativamente nuevo y costoso. Ella justificó esa medida alegando que el presupuesto ordinario que le asignaban para medicamentos no le permitía recetarme más de un miligramo como dosis diaria. A mí, personalmente, no me asustó esa gran reducción de la dosis diaria porque a mi juicio yo no padecía esquizofrenia sino que la vigilancia a que estaba sometido era real. Pero con esa reducción de la dosis mi esquizofrenia revivió con fuerza. La sensación de que me vigilaba algún «sistema» nunca había desaparecido. Pero ahora, con la minidosis del antipsicótico, ya no estaba en situación de relativizar esa sensación.

Mi teoría originaria era que me vigilaban micrófonos y minidispositivos de escucha. Entretanto, esa explicación me resultaba insuficiente. La gente que me rodeaba podía seguir todas mis conversaciones, conocía incluso mis pensamientos. Solo a base de micrófonos no era posible. Tenía la poderosísima sensación de estar en el centro de una gigantesca red de observación y vigilancia, y todas las personas de mi entorno, incluidos mis amigos cercanos y mi familia, pero también todos los habitantes de mi ciudad, eran agentes de esa red. Mi producción mental era así parte de un *global brain*, de una red que unía el cerebro de la gente. En mi imaginación, la tecnología que sustentaba esto eran ondas que leían y transmitían el pensamiento, ondas emitidas por ordenadores centrales, y recibidas y descifradas también por ellos.

Hoy sé, naturalmente, que esa sensación era un síntoma de mi enfermedad. Esos «trastornos del yo» son típicos de la esquizofrenia. Los enfermos padecen trastornos de la frontera entre el yo y el entorno, su vivencia única y personal («vivencia del yo») queda eliminada. A menudo, los afectados se sienten influidos por el exterior. Es típica la supresión de los pensamientos, la difusión del pensamiento y la introducción de pensamientos. En mi caso era dominante el elemento de la difusión del pensamiento. Por tanto, tenía la sensación de que la gente de mi entorno reaccionaba a lo que yo pensaba.

Era una abstrusa idea de ciencia ficción que me vino cuando navegaba por internet. Allí encontré páginas web sobre el *global brain*. El *global brain* es un concepto sacado de la cibernética basada en la teoría de la evolución. La idea de los científicos consiste en interpretar toda la red de comunicaciones que hay en la tierra y que une a las personas y también a sus artefactos entre sí como un cerebro global descentralizado.

En mis intensas búsquedas en internet me tropecé pronto con la más importante página web internacional: Principia Cybernetica Web. El cibernético belga Francis Heylighen, profesor de la Vrije Universiteit Brussel y uno de los dos editores de esa página web, fundó en 1996 en esa universidad un foro internacional de discusión con el título Global Brain Group y en 2012 un Global Brain Institute.

Así pues, rebusqué incansablemente en internet para resolver el enigma de mi «cerebro abierto», e interpreté los textos del Global Brain Group en mi clave paranoide. Porque Francis Heylighen no afirma, naturalmente, en ningún lugar que el cerebro de las personas esté abierto e interconectado con otros.

La cibernética es una disciplina científica un poco pasada de moda que investiga el control y la regulación de las máquinas, de los organismos vivientes y de las organizaciones sociales. Esa difusa ciencia en la que confluyen la mecánica, la robótica y la biología, así como las ciencias sociales, la neurociencia y la informática, ofrecía a mi cerebro enfermo la superficie ideal de proyección: con ella yo podía interpretar mis sensaciones y percepciones paranoides de un modo casi científico.

Empecé a formar una biblioteca sobre cibernética. Mi libro de culto era naturalmente la obra básica de Norbert Wiener *Cybernetics: or control and communication in the animal and the machine*, de 1948, y ya poco después tuve la idea fija de que solo un terapeuta sistémico podía ayudar en un «caso sistémico» como el mío. Yo tenía en el punto de mira sobre todo el famoso Mental Research Institute (MRI) de Palo Alto, en California, que era uno de los primeros institutos estadounidenses de terapia sistémica y en el que habían trabajado científicos como Don D. Jackson, Paul Watzlawick y Gregory Bateson. El Área de la Bahía de San Francisco se me aparecía como la tierra prometida. Allí me ayudarían inteligentes terapeutas sistémicos, que me incorporarían al sistema cibernético mediante una exitosa terapia sistémica. En Friburgo solo veía actuar a limitados y obtusos psiquiatras y psicoterapeutas que querían resolver mi caso con medicamentos e inútil palabrería.

A los «trastornos del yo» vinieron a añadirse nuevas ideas de persecución. Estaba convencido de que sobre todo los psiquiatras, y en especial el profesor Schmidt, no querían someter a revisión el juicio que habían emitido sobre mí. Pronto llegué a la convicción de que el profesor Schmidt me perseguía, de que ponía en movimiento contra mí sus «marionetas sistémicas» (los habitantes de la ciudad). Entretanto yo había encontrado un amplio modelo aclaratorio: vivía en el «entorno» del sistema (la diferencia entre entorno y sistema la había tomado del sociólogo Niklas Luhmann). Mi cerebro era observado y leído por las ondas de los ordenadores que todo lo dirigían y calculaban. Se me manipulaba haciendo que los ordenadores conectasen mi cerebro con el cerebro de las personas que estaban en el sistema, en el sentido de una curva de *feedback*. Las personas del sistema reaccionaban de manera inmediata a mis pensamientos y, sobre todo a través de su mímica, me daban constantemente una respuesta. Esa era la explicación de por qué toda la gente que iba por la calle parecía reaccionar a mi producción cognitiva.

Otro rasgo característico de la paranoia es referir a uno mismo todo lo que se tiene alrededor. En las fases psicóticas agudas esto vale incluso para las noticias de los periódicos, de la radio y la televisión. Las noticias envían entonces «mensajes» a los afectados. Eso me ocurría a mí. Entre el invierno de 2000 y el verano de 2001 tenía a veces la impresión de que los artículos que leía en el periódico se referían a mí directamente y comentaban mis propios pensamientos. En mi primer episodio psicótico eso aún no fue así.

El sistema cibernético, en cuyo «entorno» yo vivía como elemento flotante en el vacío, estaba organizado jerárquicamente. Para casos como el mío, para personas con un diagnóstico psiquiátrico, eran competentes los directores de clínicas psiquiátricas de una ciudad. Porque el sistema global se subdividía en sistemas, autónomos e independientes, de una ciudad y su región. En mi caso, pues, los directores de clínicas psiquiátricas tenían derecho a utilizar a las personas de mi entorno como marionetas sistémicas. De ese modo querían tenerme sojuzgado.

La presión que yo soportaba iba en aumento, ya que mientras estuviese detenido e inmóvil en el entorno del sistema, no podríamos descansar ni el sistema ni yo. Tenía que encontrar con urgencia otro sistema urbano en el que un inteligente jefe de clínica psiquiátrica pusiera a mi disposición un buen terapeuta, que después, tras las oportunas conversaciones aclaratorias, me incorporase a un subsistema adecuado. Porque los sistemas urbanos se dividían a su vez, tal como yo lo percibía, en distintos subsistemas: había de todo, grupos de izquierdas y de derechas, cristianos mojigatos y ateos hedonistas.

A la doctora Bruhns, mi psiquiatra, no le mencioné nada de eso, como es natural, pues ella era una marioneta sistémica del profesor Schmidt y, por tanto, una espía. La doctora tenía una consulta con gran número de pacientes. Mi paranoia galopante le pasó por completo desapercibida. Mis padres, sin embargo, notaron muy bien mi extraño estado. Observaban con malestar cómo me hundía horas y horas en internet.

Entretanto yo fraguaba febrilmente proyectos de viaje y reflexionaba sobre qué sistema urbano podría servirme mejor. Empecé a mandar por fax una gran cantidad de textos sobre cibernética y teoría sistémica al Mental Research Institute. Allí no les hizo mucha gracia el asunto: «¡No nos envíe más faxes!», me contestaron alguna vez por correo electrónico.

Por eso finalmente tuve la idea de probarlo en mi segunda patria. Me entendía bien con mi familia española y conocía Madrid desde mi época de estudiante. En la capital española, inteligentes jefes de clínica, abiertos al mundo, me ayudarían junto con sus sagaces terapeutas. Mi madre tenía allí un apartamento que yo podría utilizar y en el que también había un ordenador. Quería alojarme en casa de mi abuela, que vivía cerca y con la que me entendía bien. Siempre me daba de comer a cualquier hora que me presentara.

Pero era precisamente mi madre la que no estaba entusiasmada con mis planes. Mis padres sabían muy bien que un psiquiatra español reaccionaría ante mi enfermedad de la misma manera que cualquier psiquiatra de Friburgo. Y sabían que, en mi estado, iba a ser una carga para mi familia española. Pero me empeñé y lo conseguí. En tales fases psicóticas estaba casi siempre lleno de energía, casi en estado maníaco, de manera que en la primavera de 2001 tomé un vuelo a Madrid y me quedé allí tres meses. Mi delirio paranoide me lo llevé conmigo. El cambio de lugar no suele aportar, en estado psicótico, absolutamente nada, porque al fin y al cabo no podía dejar atrás mi problema, el cerebro enfermo. Como dicen en Estados Unidos: «You can run, but you can't hide»; sí, podía huir, pero no escapar. En Madrid, la mímica de la gente que veía por la calle también se refería a mí. A veces me sentaba en un café. Visto desde fuera yo era simplemente un hombre joven que se concentraba en algo. ¡Pero yo, en realidad, estaba comunicándome a través de mis pensamientos con mi entorno!

En Madrid había ido varias veces, a partir de 1997, a un psiquiatra, al doctor Ramón García Prieto, que tenía una clínica privada que yo, siendo paciente privado alemán, podía permitirme. En vista de mi estado crítico, mi madre me había dado otra vez de alta en el seguro médico privado. Aproximadamente a las dos semanas de estar en Madrid fui a la consulta del doctor García Prieto. Primero tuve que someterme a varios tests psicodiagnósticos con una psicóloga de la clínica. Después pasé a la consulta del psiquiatra. Me entendía bien con él y le solté enseguida mi teoría cibernética: «Mire usted la página web Principia Cybernetica Web, allí está todo».

Como era de esperar aquel médico cargado de experiencia vio al momento que estaba paranoico; me dijo: «Escríbeme el nombre de esa página web, voy a echarle una ojeada. Y ven dentro de unos días, Klaus, entonces hablaremos». En mi segunda visita fue más claro:

—¿Sabes qué enfermedad tienes, Klaus? —me preguntó.
—¿Quizás esquizofrenia paranoide? —respondí vacilante.
Ese diagnóstico lo conocía bien. Pero nunca había creído en él.

—Así es, Klaus —respondió el doctor García Prieto—. ¿Qué medicamentos has tomado, Klaus, y cuáles de ellos has tolerado mejor?

—Siempre he tolerado bastante bien el Risperdal. Usted mismo me hizo cambiar hace algún tiempo a ese medicamento.

—Bueno —respondió el doctor García Prieto— entonces te recetaré Risperdal.

Yo estaba desengañado, como es natural. Pero no podía objetar nada contra el modo de proceder amable y deferente de aquel psiquiatra. No había intentado hospitalizarme sino que quería tratar el caso en consulta ambulatoria. Y de hecho yo siempre había tolerado bien el Risperdal. Así que acepté y empecé a tomar ocho miligramos diarios. De modo complementario iba a una terapeuta que el doctor García Prieto me había recomendado a petición mía. Lógicamente, aquella terapeuta tampoco pudo ofrecerme una solución sistémica. Incluso tengo mis dudas sobre si llegó a comprender alguna vez lo que yo quería de ella. Mis ideas cibernéticas eran para eso demasiado confusas.

Al cabo de unas semanas me presenté otra vez en la consulta del doctor García Prieto. Como en la conversación con él aún no me distanciaba claramente de mis ideas delirantes, incrementó la dosis a doce miligramos. Y entonces en el curso de las semanas y los meses siguientes salí poco a poco de mi delirio paranoide. Madrid, con sus bares y cafés me vino muy bien, pero también mi familia madrileña me ayudó con su afectuosa dedicación.

Aunque me encontraba mejor, aún faltaba mucho para una verdadera recuperación. Pese a ello, en agosto decidí regresar a Friburgo. Mis padres estaban entonces en Navacerrada. En los días anteriores al regreso a Alemania, mi estado de ánimo dio un vuelco. Los síntomas de la esquizofrenia me procuraban la sensación de que en mi tierra natal se estaba fraguando algo contra mí.

Cuando llegué a Friburgo, me encontraba realmente mal. Fui a ver a la doctora Bruhns y, como gracias a la medicación ya me había distanciado un poco de la enfermedad, me atreví a hablarle de mis ideas y sensaciones paranoicas. Al hacerlo no tuve en cuenta que allí no me encontraba frente al doctor García Prieto, que trataba a una clientela acomodada, sino ante una psiquiatra que tenía que despachar a toda prisa un caso tras otro. Apenas hube terminado de hablar, la médica echó mano de una inyección de depósito con un neuroléptico típico, me ordenó que me bajara el pantalón y me inyectó el medicamento en el trasero.

Esa misma noche sufrí un violento ataque de pánico, probablemente una reacción a la inyección. Nerviosísimo me tomé varias tabletas de Risperdal y me fui en la Vespa a la clínica psiquiátrica. Allí, tras una breve conversación con un psiquiatra del servicio de urgencia, me metieron en una ambulancia y me llevaron al Centro Psiquiátrico de Emmendingen, junto a Friburgo.

A la mañana siguiente, el pánico había remitido y yo estaba sobre todo enormemente soñoliento por la sobredosis de Risperdal ingerida. Los médicos de Emmendingen me dieron el alta, me fui a casa, me metí al punto en la cama y me desperté a las 48 horas con un médico al pie de mi cama. Mis padres, preocupadísimos por mi estado (que habían comprobado hablando conmigo por teléfono tres días antes) habían decidido que uno de los dos tomara de inmediato un avión de vuelta a Friburgo. Fue mi padre quien lo hizo y al llegar y verme dormido, me dio fuertes sacudidas, sin lograr despertarme de mi sueño comatoso. Llamó entonces al médico de urgencia, que por fin consiguió despertarme y que comprobó enseguida que no me pasaba nada grave.

La dosis de depósito del neuroléptico típico produjo una completa revolución en mi interior, también durante los meses siguientes. Su efecto fue fulminante. Me causó tal limitación intelectual que en el otoño de 2001 tuve que renunciar a los cursos de español para extranjeros que iba a impartir. El doctor García Prieto había tratado de sacarme de la esquizofrenia paranoide con un medicamento que yo toleraba bien, mientras que la doctora Bruhns había cortado por lo sano con un fármaco brutal cargado de efectos secundarios. Esto irritó enormemente a mi madre. Yo le había contado también que en el invierno de 2000 esa psiquiatra alemana había reducido la dosis de Risperdal de modo radical. Mi madre decidió ir conmigo a ver a la doctora Bruhns y pedirle explicaciones. Pero la doctora se justificó diciendo: «¡Su hijo regresó de Madrid completamente paranoico, y por eso tuve que obrar deprisa y con decisión!».

Sin duda no había tenido en cuenta que en Madrid me habían tratado con elevadas dosis de Risperdal. Y también le había pasado desapercibido el hecho de que mi sinceridad mostraba que en Madrid yo había tomado ya cierta distancia de las ideas delirantes. Pero ya antes de mi estancia en Madrid aquella psiquiatra no se había percatado en absoluto de mi evolución paranoica, aunque tendría que haber contado precisamente con ello por haber llevado a cabo una masiva reducción de la dosis. Comoquiera que fuere, aquella entrevista fue la última que tuvimos con ella. Decidí no volver nunca a una psiquiatra que se tomaba cinco minutos de tiempo para una consulta y que, por razones de presupuesto, reduce la dosis de los medicamentos a los pacientes de la seguridad social.

El otoño de 2001 lo pasé medio aletargado por los medicamentos. Era incapaz de trabajar y dormía mucho. Pero al menos mis ideas paranoicas se habían esfumado por completo. No obstante, un neuroléptico típico no era, definitivamente, una solución. Seguí tomando Risperdal, otra vez en una dosis de cuatro miligramos diarios.

Pero el sistema delirante cibernético retornaría. Fue la etapa final de mi delirio, la paranoia en su plenitud, mientras que los micrófonos y los miniemisores del primer episodio aún habían sido una interpretación incompleta de mis sensaciones, pensamientos y vivencias.

TREGUA PASAJERA
EN EL CAMINO DE SANTIAGO

Pese a mi estado depresivo, quería a toda costa volver a la actividad. Decidí viajar a Madrid con mi madre para trabajar allí como profesor de alemán. Ella estaba jubilada desde hacía un año y conocía en Madrid a una germanista española que había abierto una escuela de idiomas. Le había asegurado al teléfono que yo podría dar clases en su academia.

A mi madre de todos modos no le gustaba mucho viajar en avión, pero después del 11 de septiembre perdió por completo las ganas. Por eso, en octubre de 2001 viajamos en coche a España y nos instalamos en el chalet de Navacerrada, a unos 60 kilómetros al norte de Madrid. Normalmente pasábamos en esa casa las vacaciones de verano, y ahora queríamos pasar el invierno.

Allí llamé por teléfono a la escuela alemana de idiomas de Madrid. Cuando me presenté, dos profesoras alemanas me explicaron que primero debía hacer prácticas durante varios meses en su escuela antes de poder dar clases con autonomía. «Antes de eso no permitimos a nadie que se acerque a nuestros alumnos», me notificó categóricamente una de las dos. Me quedé sorprendido porque en la conversación telefónica con la directora de esa escuela no se había mencionado tales condicionamientos. Mi madre habló más tarde por teléfono otra vez con la directora, que dio marcha atrás y confirmó que primero eran necesarias unas prácticas de bastante duración. No fueron buenas noticias.

Uno de mis tíos españoles es catedrático de filosofía en la Universidad Complutense de Madrid. A través de un conocido de mi tío encontré trabajo durante un tiempo limitado en la Universidad Europea de Madrid, donde, en la carrera de periodismo, me ofrecieron dar clases en un curso de doctorandos. El curso constaba de cinco módulos, que yo repartiría en cinco unidades, cada una de dos horas de clase cada quince días. El tema del curso podía decidirlo yo mismo.

Elegí la crítica filosófica de la técnica en el siglo XX. No era una elección casual: se relacionaba, evidentemente, con los contenidos delirantes de mi enfermedad, pero entonces yo no lo veía así. Entretanto, mi delirio había reaparecido. Estaba convencido otra vez de que algún sistema técnico me vigilaba. Aunque podía dominar esa sensación gracias al Risperdal, en mis clases, entre otras cosas, valoraba ahora la red cibernética con ayuda de la crítica filosófica de la técnica. No creo que los estudiantes de mi clase notasen nada de ello; mis explicaciones unidas a los textos con los ejemplos correspondientes no causaban entonces, probablemente, una impresión de trastorno mental. Es verdad que en aquellos meses yo tenía todavía la moral muy baja. Mi depresión posesquizofrénica o posmedicamentosa aún no había desaparecido del todo. Me faltaba seguridad en mí mismo y al principio mi madre tuvo que darme ánimos para que impartiera ese curso de doctorado porque yo tenía miedo al fracaso. Sin embargo conseguí un buen contacto con el grupo de estudiantes y de doctorandos, que estuvieron contentos con mis clases. He de decir que dar clases en la universidad era considerablemente más satisfactorio que la actividad docente, monótona por lo general, en una escuela de idiomas.

Así pues, pasamos los primeros meses del invierno en Navacerrada, y yo iba cada dos semanas a Madrid para dar clase. Más perspectivas de trabajo no surgieron. El pueblecito situado a gran altitud en la sierra de Guadarrama recibe la visita de los madrileños sobre todo en las vacaciones de verano, cuando allí hace un fresco agradable mientras en Madrid aprieta el calor. En invierno pocos madrileños van a sus casas de la sierra y por eso la soledad era grande allí. Así que regresamos a Alemania poco antes de la Navidad de 2001. Antes había terminado con éxito el curso de doctorado.

En Friburgo ofrecí de nuevo mis servicios como periodista *freelance* y como profesor de alemán. Los encargos de periodismo disminuían constantemente. La crisis de los periódicos impresos, desencadenada por internet y por el decreciente interés de los jóvenes por los periódicos, afectó sobre todo a los *freelancer*. Reaccioné concentrándome progresivamente en el campo del alemán para extranjeros, aunque el trabajo de periodista me gustaba mucho más. Quería ganar un poco de dinero, por eso no tenía otra alternativa.

Encontré con el doctor Kunze un psiquiatra experimentado y seguimos con Risperdal. Un psicoterapeuta, asimismo experimentado, que conocía mi madre, me acompañó en ese tiempo con competencia y pericia. Me estabilicé progresivamente.

En 2004 conseguí incluso dejar de fumar. Era un fumador empedernido desde hacía diez años y con el tiempo tenía ya por las mañanas la tos característica del fumador. Cuando durante algún paseo me tocaba subir una cuesta me faltaba el aliento. Eso no me gustaba, evidentemente.

Hice varios intentos y me serví de chicles de nicotina como ayuda a la deshabituación. Sin embargo, nunca aguantaba más de tres o cuatro días. Entonces las ganas de fumar se tornaban insoportables… y fumaba de nuevo. Pero finalmente lo conseguí: aguanté varias semanas seguidas masticando tanto chicle como quería. Con el tiempo perdí las ganas de masticar chicle y a los dos meses pude eliminarlo definitivamente. En los meses y en los años que siguieron me asaltaba de pronto a veces el deseo de fumar. Cuando veo a mi hermano o a mis amigos lanzando bocanadas de humo con deleite incluso hoy me entra envidia de vez en cuando. Pero sé en todo momento qué peligrosos son los cigarrillos precisamente para un hombre con exceso de peso. Suena raro quizá, pero ese logro fue un gran triunfo para mí. Para mi cuerpo fue seguro el hecho más importante en mi historia clínica de más de veinte años. Una vez dejado el tabaco, hubo por fin progresos: podía respirar con más libertad y hacer otra vez algo de deporte, aunque correr seguía siendo imposible debido a mi peso. No habría ido muy lejos y habría sido muy dañino para mis articulaciones. Pero caminar, al menos, era otra vez posible.

Ya había recorrido a pie y en bicicleta el camino de Santiago desde los Pirineos hasta Santiago de Compostela, el llamado «camino francés». Hoy ese camino —también debido a Hape Kerkeling—* goza de extraordinaria popularidad. En nuestro recorrido en bicicleta de 1990 éramos en muchos puntos de las etapas los únicos peregrinos. E incluso durante mi marcha de 1994 el número de peregrinos se había mantenido dentro de unos límites.

A finales de abril de 2005, mi madre y yo nos dispusimos a recorrer los casi 800 kilómetros del camino francés, desde Roncesvalles hasta Santiago: para esas fechas la oleada de peregrinos era ya enorme. Mi madre es una mujer delgada y le apasiona el senderismo. Hacíamos etapas diarias de entre 20 y 30 kilómetros y el 29 de mayo llegamos a Santiago.

Fue una experiencia estupenda. En el camino me asaltaron con mucha menos frecuencia los síntomas residuales. La sensación de estar vigilado por un sistema técnico estaba presente en mí sobre todo cuando me movía por las calles de una ciudad. En el camino de Santiago, en el que por lo general atravesábamos pueblos pequeños y nunca nos quedábamos en un lugar más de una noche, esa sensación era menos dominante. ¡Qué gran alivio! Y

* Hape Kerkeling, conocido presentador de la televisión y humorista alemán, recorrió a pie en 2001 el camino francés, y en 2006 publicó la relación del viaje. De ese libro (título en castellano: *Bueno, me largo*) se vendieron en el ámbito de lengua alemana más de cuatro millones de ejemplares. *(N. de la T.)*

el movimiento y el esfuerzo físico tuvieron, como es natural, un efecto positivo. El rostro tomó un tinte saludable, los músculos se tensaron y adelgacé durante aquel mes de camino. El camino está lleno de puntos culminantes: iglesias, monasterios, paisajes pintorescos. Los otros peregrinos eran amables y abiertos y repetidas veces trabamos conversación con ellos. A menudo tenían una trayectoria vital especial o se hallaban en un punto de inflexión profesional o personal. También Hape Kerkeling se había puesto en camino después de una crisis física.

En el caso de mi madre y en el mío los motivos eran muy claros: mi madre estaba jubilada desde hacía cinco años y quería aprovechar el tiempo libre de que disponía para satisfacer un sueño dorado suyo antes de llegar a una edad en la que tales caminatas ya no fueran posibles. Y yo quería demostrarme que todavía estaba lo suficientemente en forma para esa fatigosa aventura en la que todos los efectos personales necesarios se llevan a la espalda en una mochila.

Después del camino decidimos recorrer en la primera ocasión la Vía de la Plata, o sea, los más de 900 kilómetros de camino entre Sevilla y Santiago. Ese camino atraviesa, pues, España de sur a norte. De modo que recorrimos ese camino en 2006 y 2007 en tres etapas, cada una de 300 kilómetros. Ese camino también me vino de maravilla, aunque la infraestructura para los caminantes es bastante más precaria que en el camino francés. A veces nos veíamos obligados a caminar más de 30 kilómetros en el calor achicharrante de Andalucía hasta llegar a un lugar con un albergue de peregrinos o con un pequeño hotel. Por eso la Vía de la Plata fue mucho más fatigosa y logísticamente más complicada que el camino francés. Pero mi madre, que ya iba a cumplir 70 años, también superó briosamente ese reto.

En la primavera de 2006 viajé de nuevo a España para presentarme a las oposiciones de profesor de alemán en las Escuelas Oficiales de Idiomas de la Comunidad de Madrid. Me preparé durante dos meses en Madrid, en el apartamento de mi madre. Se presentaron más de doscientos cincuenta opositores. De ellos solo superaron el primer ejercicio veinte candidatos: ¡y yo estaba entre esos veinte! Por desgracia no aprobé el segundo ejercicio. En el verano de 2006 regresé a Alemania, después de haber colaborado con diversos artículos, durante algún tiempo, para el periódico español de economía *Expansión*. Varios meses más tarde, a comienzos de 2007, llegó una llamada de la consejería de Educación de la Comunidad de Madrid: me habían elegido como director del departamento de alemán del Instituto de Bachillerato «Beatriz Galindo», de Madrid. La entonces presidenta de la Comunidad, Esperanza Aguirre, establecía en aquella época programas bilingües en una serie de institutos de la región de Madrid. Y el «Beatriz Galindo» era uno de los designados para tal programa. Ese puesto de director de departamento era una excelente oportunidad y todo el conjunto una oferta realmente atractiva. Y me habían elegido entre la lista de los opositores del año anterior porque ese puesto encajaba perfectamente conmigo: era doctor en Filología Germánica, dominaba el castellano y me había batido bien en una difícil oposición. Yo, sin embargo, no me sentía con la suficiente seguridad y equilibrio mental para ir a Madrid y empezar allí de nuevo. Así que, muy a pesar mío, rechacé la oferta. Mis padres, sobre todo mi madre, estaban desesperados por mi decisión. La enfermedad empezaba a anunciarse otra vez. Avanzaban nubes negras.

CARTAS DELIRANTES

A pesar de mi viaje por los caminos de Santiago, durante los que adelgacé notablemente, entre 2002 y 2006 aumenté de peso. Contra el hambre feroz que también producía el Risperdal no había remedio alguno. Para aminorar ese efecto, en 2007 empecé a reducir por propia iniciativa mi dosis de Risperdal, de cuatro a dos miligramos. ¿Cómo es posible que una persona que sufre de esquizofrenia crónica reduzca, sin pedir consejo a nadie, la dosis de un medicamento que al fin y al cabo le es indispensable?

Una pregunta justificada, pero las personas que tienen una enfermedad psíquica y han de tomar psicofármacos sufren a menudo por los considerables efectos secundarios. Eso me ocurrió también a mí. Desde 1994 comprobé con creciente desesperación que no paraba de engordar. Mido 1,75 metros, mi peso ideal serían unos 75 kilos. Pero soy un tipo más bien musculoso que hizo en su juventud mucho deporte de fuerza y mi peso normal antes de caer enfermo llegaba a 80 kilos. En 2007 pesaba más de 120 kilos y, simplemente, no estaba dispuesto a aceptarlo. Otros graves efectos secundarios del Risperdal como el cansancio, una mayor necesidad de dormir y una clara disminución de la potencia sexual aumentaban mi desesperación.

En medicina se habla de *cumplimiento* cuando, en el marco de una terapia, el paciente se muestra cooperativo y sobre todo cuando se puede confiar en que toma los medicamentos. Sin embargo, precisamente en el campo de la psiquiatría, el *incumplimiento* está especialmente arraigado. Pero ese comportamiento tan dañino para el propio enfermo y tan costoso para los seguros médicos no se debe a que esos pacientes sean más tontos o más inadaptados que otros. En realidad la razón está en los efectos secundarios de los psicofármacos, de los antidepresivos y sobre todo de los neurolépticos, efectos a menudo tan deprimentes que el paciente en su desesperación reduce las dosis o, en un ataque de furia, los deja del todo.

Eso me ocurrió también a mí: no quería seguir engordando. Además existían aún claros síntomas residuales. Yo no tenía plena convicción de ser un paranoico. Pero con aquella reducción arbitraria de la dosis había echado más leña al fuego. Mi conciencia de la enfermedad, ya muy escasa, pasó a ser nula con la reducción a dos miligramos, y mi psicosis revivió con fuerza.

Volví a hundirme en mi nunca desaparecido delirio cibernético. El principal culpable era para mí, definitivamente, el profesor Schmidt: él me había dado por primera vez aquel diagnóstico. En mi sistema delirante, era la más alta instancia sistémica para pacientes psiquiátricos de Friburgo y su entorno. Mi terapeuta, el doctor Meyer, era su marioneta sistémica. Por eso, en un ataque de furia, di por concluida la terapia con ese médico. También se debía al veto categórico del profesor Schmidt mi imposibilidad de quedar integrado en el sistema cibernético: él me obstaculizaba todas las posibilidades de llevar una vida feliz y normal.

Así pues, el profesor Schmidt pasó a ser mi chivo expiatorio. De todos modos, él no dejaba de tener su parte de culpa en ello: desde el brutal tratamiento forzoso al que me sometió en su clínica en 1994 yo le guardaba rencor.

En mi paranoia, me aferré cada vez más a la idea de que él era el principal culpable de mi desdicha. Finalmente empecé a bombardearlo con cartas que enviaba a la dirección de la clínica. Algunas personas de mi entorno también recibieron tales cartas, entre 2007 y 2010, por ejemplo el profesor Müller, mi director de tesis y mi antiguo terapeuta, doctor Meyer. Pero mi blanco preferido era el profesor Schmidt. Entre los años 2007 y 2010 le envié unas setenta cartas.

Escribí la siguiente carta el 23 de junio de 2007, después de haberme separado en malos términos del doctor Meyer. Como el doctor solo era una marioneta sistémica, atribuí naturalmente al profesor Schmidt la culpa de la disensión entre mi terapeuta de muchos años y yo.

Querido profesor Schmidt:

Castigo el comportamiento tan poco cooperativo del doctor Meyer no volviendo a aparecer hasta septiembre por la consulta de ningún psiquiatra de Friburgo. Hasta entonces puede reflexionar sobre si quiere realmente esta guerra. Para mí está clarísimo que será usted quien la pierda. Pero tal vez quiera usted mismo pasar una vez por esa experiencia.

Hasta pronto,

KLAUS GAUGER

Con bastante más claridad me expresé en una carta que escribí dos días después:

Querido profesor Schmidt:

He pasado una noche malísima y hoy estoy hecho puré. La culpa la tiene usted. Quiero la guerra total con usted. Una guerra empieza con una oleada imparable de injurias al enemigo. Voy a decirle ahora lo que es usted: es usted un gilipollas y un hijo de puta, un psiquiatra de pacotilla, incompetente e inútil, un imbécil, limitado y sin humor, un descerebrado, un mentecato y un tipo asqueroso. Podría ser que esta guerra total aboque en que yo me vea otra vez internado en su clínica. Solo quiero que sepa una cosa: usted puede atiborrarme de medicamentos, proscribirme en los psicoambientes, convertir mi vida en un infierno, marginarme por completo. Voy a decirle ahora lo que nunca conseguirá: nunca obtendrá mi respeto, nunca una palabra de agradecimiento. Eso nunca lo logrará, ni tampoco que yo olvide jamás el daño que me ha causado. Es usted un cerdo.

Con desprecio,
suyo,

KLAUS GAUGER

Hasta qué punto vacilaba entonces mi capacidad de admitir la realidad se ve en el hecho de que ese mismo día envié una segunda carta en la que pedía disculpas:

Querido profesor Schmidt:

Mi vida, actualmente, es una pesadilla y de ello quizá no tenga nadie la culpa, salvo mi maldito destino, usted tampoco. Perdone mis duras palabras. Acabo de aumentar masivamente la dosis de Risperdal. No hay otra solución para mí y probablemente nunca la habrá.

Con atentos saludos,

KLAUS GAUGER

Pero el delirio retornó. Y por eso un año largo después, el 3 de julio de 2008, lo intenté con cinismo:

Querido profesor Schmidt:

Solo puedo repetirlo: es usted una joya de la ciencia psiquiátrica, un genio de las artes psiquiátricas. La Hauptstrasse, 5* es el mejor y más filantrópico lugar del mundo. Todas las incriminaciones de los críticos de la psiquiatría son tan inconsistentes como infundadas. Yo le quiero a usted, profesor Schmidt, le he querido siempre. Gracias por ser tan bueno. Gracias por ser los habitantes de Friburgo gente tan buena. Aquí en Friburgo he llegado muy lejos: soy un paciente esquizofrénico gordo y atiborrado de pastillas, que vegeta en casa de sus padres y que, a pesar de su locura, puede moverse con libertad. Gracias por no tener que vivir en un centro psiquiátrico sino solo estar vigilado durante 24 horas diarias. Usted y los friburgueses son sumamente generosos e indulgentes. Gracias por todo. No solo me ama Jesús, también usted. Gracias. Muchas gracias.

Con mis más afectuosos saludos,
suyo,

KLAUS GAUGER

En mi delirio de perjuicio me sentía observado por los transeúntes, importunado, ofendido e insultado. Según mi teoría cibernética, la cabeza sistémica de la «escena» urbana era el profesor Schmidt. Y los psicoterapeutas eran los encargados de hacerme entrar en esa escena. A eso me refería en la carta del 15 de julio de 2008:

Querido profesor Schmidt:

Los únicos argumentos que tienen usted, los otros psiquiatras y toda la escena de esta siniestra ciudad, son los «argumentos de la calle» (es decir, toda esa chusma asquerosa que me mira con agresividad o que trata obstinadamente

* Dirección postal de la Clínica Psiquiátrica de la Universidad de Friburgo. (N. de la T.)

de ignorarme). Todo ello no es sino un espectáculo estúpido, provinciano y primitivo. Nunca habría pensado que toda la psicoescena y la mayor parte de los grupos de esta ciudad fueran una colección de personas tan ridículas, de lo contrario nunca habría intentado entrar en tal escena a través de los terapeutas. El conjunto es realmente grotesco.

Hasta pronto,

KLAUS GAUGER

En octubre de 2008 me puse otra vez sarcástico:

Querido profesor Schmidt:

Quiero darle otra vez las más expresivas gracias por la cariñosa dedicación con que ha tratado mi caso. Durante los muchos años de enfermedad he sabido siempre que su mano protectora descansa sobre mí.

Soy una persona sumamente privilegiada. Me he criado en una familia maravillosa de padres altamente intelectuales y cariñosos que satisfacían todos mis deseos y que siempre hicieron todo lo posible para que yo viviera en libertad. Esa estupenda invitación a la libertad se ha visto realizada de manera que yo, friki cargado de kilos y sin trabajo, vivo aburrido en la planta baja de la casa de mis padres. Y habito una maravillosa ciudad en la que la gente me quiere muchísimo y solo ha pensado siempre en cómo simplificarle la vida a un conciudadano pobre y enfermo como yo, y en posibilitarle una vida en libertad y dignidad. Por eso aquí siempre me he sentido tan a gusto y tan lleno de libertad y he tenido todos esos maravillosos y bien remunerados trabajos y he hecho una magnífica carrera profesional y adonde quiera que llegaba sentía que la mano benéfica de Friburgo descansaba sobre mí.

En resumen, no puedo decirle cuán feliz me siento en estos momentos. El privilegio de haber recibido su tratamiento forzoso y el diagnóstico de paranoia aumenta con el inmenso honor de tener como patria chica una maravillosa ciudad, grande y cosmopolita, que me ha ofrecido infinitas posibilidades y buenas perspectivas. En conjunto apenas habría podido tener más suerte, y si, pese a ello, hoy quizá no soy una persona feliz y cargada de éxito, se debe solo a mi naturaleza completamente degenerada y decadente, a mi mediocridad hereditaria que no me permite —tengo que admitirlo— ser una persona feliz y cargada de éxito. De eso nadie tiene la culpa, solo mis míseros e inútiles genes y mi cerebro trastornado y enfermo que, simplemente, no sirven para nada. Por lo demás, todos me han querido siempre bien, mi familia, mis psiquiatras, mis amigos, mi ciudad. El mundo entero me ha querido y mimado, lo noto con cada fibra. De nuevo muchas gracias por todo, siempre lo recordaré con la más alta estima.

Con mis más cordiales saludos,

KLAUS GAUGER

A veces también amenazaba al profesor Schmidt con continuar la terapia en otra ciudad. Como el sistema cibernético constaba de subsistemas urbanos independientes unos de otros, yo especulaba con que me permitieran la entrada en otra ciudad: y eso enfurecería al profesor Schmidt. La siguiente carta es del 22 de septiembre de 2010:

Querido profesor Schmidt:

Voy a explicar en otra ciudad toda la historia de mi vida, el completo diagrama de una repugnante ciudad de provincia poblada de rostros patibularios, malignos, primitivos e incivilizados, en manos de una banda de psiquiatras —con usted a la cabeza— torpes y estúpidos, para quienes no tiene valor alguno la vida de sus pacientes. Friburgo no tiene para mí la menor importancia y no ha sido nunca mi tierra. Tu tierra solo puede ser un lugar en el que te encuentras a gusto. En Friburgo, durante los últimos veinte años, no me he sentido nunca a gusto.

Atentamente,

KLAUS GAUGER

A veces adoptaba un tono conciliante. Esta carta es del 31 de octubre de 2010. El Coffee Factory era un café de Friburgo muy próximo a la clínica psiquiátrica:

Querido profesor Schmidt:

Cuando ha pasado la guerra, uno puede hablar otra vez, naturalmente, con su enemigo. Yo lo habría hecho, por cierto, estos últimos tres años si usted hubiera ofrecido una tregua y una entrevista. Quién sabe, quizá nos encontremos usted y yo dentro de unos meses en el Coffee Factory y tomemos juntos una cervecita. Yo no lo he hecho porque lo detesto a usted. He querido hacer algo por Friburgo y sobre todo por quienes han pasado por una clínica psiquiátrica en Alemania.

Atentamente,

KLAUS GAUGER

Estas cartas son documentos de mi delirio, que entre los años 2007 y 2010 creció como una marea. Cuando se reducen los medicamentos llega en algún momento el «punto de no retorno» en el que el delirio adquiere vida propia y el paciente ya no puede distanciarse de él. Ese punto lo alcancé en el otoño de 2010.

El profesor Schmidt nunca abordó el contenido de mis cartas y seguramente nunca comprendió qué problema tenía yo con él. Y si quizá barruntó alguna vez que mis agresivas cartas brotaban de mi resentimiento por el tratamiento forzoso de 1994, es posible que le diera igual. Entre los años 2007 y 2012 se sintió sobre todo amenazado e importunado.

En noviembre de 2010 me ingresaron en el Centro Psiquiátrico de Emmendingen, porque en una de mis cartas delirantes había indicado al profesor Fischer, director de la clínica psicosomática de Friburgo, que había hecho una breve visita a su instituto con una navaja en el bolsillo del pantalón. Por supuesto que no había tenido la menor intención de sacar la navaja. En mi trastorno mental creía de todos modos que cada miembro del sistema podía leer mis pensamientos, de forma que todo el mundo sabía que yo llevaba una navaja en el bolsillo. Por tanto, concebía esa navaja como gesto amenazador cibernético y no como arma. Pero los profesores Schmidt y Fischer pensaron, basándose en esa carta, que yo era un peligro público. Al menos me enteré así de que leían mis cartas. Nunca había recibido una respuesta a mis misivas, pero al parecer alguien las leía. Dos meses después me dieron de alta, pero yo seguía sin estar curado.

En diciembre de 2011, el profesor Schmidt acabó denunciándome por calumnias y ofensas. Desde noviembre de 2010 yo publicaba un blog y en él había manifestado en varios artículos mi opinión negativa sobre él. Hoy me llena de asombro que el profesor Schmidt tuviera tiempo de leer mi blog o que encomendara esa tarea a algún colaborador de su clínica. Mi blog no lo leía prácticamente nadie y carecía por completo de importancia. Una vez que hube borrado los artículos sobre él, el profesor Schmidt retiró la denuncia. En mi estado paranoico de todos modos ningún juez habría podido dictar una sentencia válida.

En aquel entonces, lógicamente, yo carecía de responsabilidad penal. El profesor Schmidt lo sabía también, sin duda, y seguramente le pareció suficiente que no volviera a mencionarlo en mi blog.

En ningún campo de la medicina es tan grande la distancia social entre el médico y el paciente como en la psiquiatría. Los pacientes psiquiátricos muchas veces no tienen trabajo y sufren además el estigma característico de su enfermedad. En cambio, el jefe de servicio de una clínica psiquiátrica goza de gran prestigio social. Ya solo debido a ese desnivel, los conflictos entre un paciente y un médico jefe raras veces se desarrollan y se solventan en igualdad de condiciones. Prácticamente jamás se llega a una discusión clarificadora ni ocurre que el director de la clínica muestre al menos cierta empatía con el sufrimiento de ese enfermo. Y en efecto, ante mi comportamiento agresivo el profesor Schmidt, de entrada, solo recurrió a medidas disciplinarias.

Fue solo en 2012 cuando me pidió que acudiera a su despacho para hablar con él. El doctor Pohl, a cuya consulta de la clínica yo había acudido durante bastante tiempo a finales de los noventa, estuvo presente en los primeros cinco minutos del encuentro, después nos dejó solos. Pero luego, de hecho, solo hubo un intercambio de palabras amables e insustanciales. El profesor Schmidt me ofreció que tomara en todo momento contacto con él si volvían a surgir discrepancias, cualesquiera que fueren. Durante la conversación yo volví a desplegar mi teoría cibernética, pero él no abordó la cuestión de mi enfermedad, aunque entonces, a más tardar, tuvo que saber perfectamente que yo estaba paranoico, en caso de que mis cartas no hubieran sido prueba suficiente. Creo que él quería sobre todo suavizar la situación surgida entre nosotros. Esa entrevista, pues, estaba concebida solo como recurso táctico y no, lamentablemente, como un intento médico o humano de comprender las causas más profundas de mi rencor o de la complejidad de mi delirio.

A pesar de esas cartas, el periodo 2007-2010 no fue solo años inútiles de trastorno mental. Mi delirio lo era solo en parte. Afectaba únicamente a mis ideas fijas sobre el sistema cibernético y sobre el papel destacado que el profesor Schmidt, a mi juicio, desempeñaba en él. Fuera de esas ideas delirantes, mi capacidad cognitiva no estaba reducida. En sus relaciones con el mundo exterior, los esquizofrénicos practican a menudo una suerte de doble contabilidad. Como el enfermo ve que sus congéneres no comprenden su modo de ver las cosas, él o ella empieza a ocultar las vivencias psicóticas. Hacia fuera se esfuerza por actuar con normalidad, en su interior sin embargo sigue fiel a su particular visión del mundo. Así se puede llegar a una asombrosa coexistencia de vida psicótica y vida psíquica en perfecto estado de salud, como ya constató el psiquiatra suizo Eugen Bleuler (1857-1939), que acuñó el concepto de esquizofrenia y de «doble contabilidad».

Así me ocurrió también a mí: entre 2007 y 2010 seguía elaborando incesantemente mi delirio y escribiendo cartas dementes al profesor Schmidt. Y al mismo tiempo vivía una vida discreta, normal y disciplinada en casa de mis padres y concluía con éxito el año y medio de *Referendariat* en el Instituto Walter-Eucken de Friburgo. Mis sentimientos también eran normales, en sustancia, siempre que no concernieran a los puntos neurálgicos de la vigilancia técnica y a la persecución por parte del profesor Schmidt. Así, entre 2007 y 2010, seguramente en la mayoría de la gente causaba una impresión de relativa normalidad, mientras que solo determinadas personas, como el profesor Schmidt, podían reconocer claramente que yo, en realidad, estaba gravemente enfermo.

¿QUIÉN ES MARTIN HEIDEGGER?

Si se tiene en cuenta que, en mi calidad de periodista *freelance* y profesor honorario mal pagado, tenía que asegurarme yo mismo, era evidente que entre 2000 y 2006 mis actividades profesionales no compensaban económicamente. Acabé comprendiendo que la única posibilidad de escapar de la dependencia económica de mis padres consistía en obtener una cátedra en un centro de enseñanza oficial. Para ello, evidentemente, tenía que hacer el *Staatsexamen* y llevar a cabo el año y medio de prácticas [*Referendariat*]. Yo tenía el título de Magister en Historia y Filología Germánica, como materias principales, y en Filología Española, como materia secundaria. Además tenía el título de Doctor en Filología Germánica. Para poder ejercer en la enseñanza oficial, tuve que cursar entonces varios seminarios e invertir, una vez más, bastante tiempo en mi formación académica. Estuve dudando algún tiempo pero en el semestre de invierno de 2006 me matriculé de nuevo con el objetivo de presentarme al *Staatsexamen* y obtener el título que permite ejercer en la enseñanza oficial; así que empecé a estudiar español e historia como materias principales y germanística como materia secundaria. Mi Magister en Historia fue reconocido como equivalente al *Staatsexamen* en historia.*

---

* En las carreras denominadas de letras, el estudiante alemán ha de indicar, desde el primer semestre, a qué título aspira. El magister es solo un grado académico, que no habilita para la enseñanza oficial. Con el *Staatsexamen*, más

Ahí no tuve que cursar seminarios ni aprobar exámenes. Pero sí, desde luego, en español y filología germánica. La universidad había cambiado desde que terminé mis estudios en 1997. El sistema de enseñanza relativamente libre, en el que, en las carreras de letras, los estudiantes tenían que asistir cada semestre a un número limitado de clases, por lo general elegidas libremente, y disponían de mucho tiempo para leer, para preparar ponencias y trabajos de seminario, se había convertido con el proceso de Bolonia en un sistema escolar. Los estudiantes tenían ahora que asistir a un gran número de clases obligatorias y despachar deprisa y corriendo sus ponencias y trabajos de seminario. Se les notaba ya a los estudiantes de 2006 que sus estudios se basaban más en la velocidad que en la calidad. Recuerdo una conversación con una compañera de germánicas. Le faltaba poco para concluir la carrera. Hablamos de Hannah Arendt y ella me preguntó quién era Hannah Arendt.

—Hannah Arendt fue una importante filósofa del siglo xx —le dije— y en los años veinte, entre otras cosas, discípula y al mismo tiempo amante de Martin Heidegger.
—¿Quién es Martin Heidegger? —me preguntó.

También tuvimos que presentar juntos una ponencia sobre la posmodernidad. En el ensayo, en lengua inglesa, que nos recomendó el profesor para preparar esa ponencia, se mencionaba a «Theodor W. Antorno», es decir, con una errata ortográfica en el apellido del filósofo alemán T. W. Adorno. Pero mi compañera no lo notó y en su trabajo lo citó como Theodor W. Antorno. Así que traté después de explicarle quién era T. W. Adorno.

difícil en conjunto, se puede aspirar, tras un año y medio de prácticas y un segundo *Staatsexamen*, a obtener una cátedra de instituto. Como todo catedrático de instituto ha de enseñar dos o tres asignaturas distintas, el estudiante ha de hacer también dos o tres carreras distintas. *(N. de la T.)*

Una escena especialmente significativa ocurrió, en filología hispánica, en un seminario de fonética. El profesor, un joven algo presuntuoso, comenzó la primera clase con una larga conferencia sobre cómo se podía reunir la bibliografía necesaria para el tema del trabajo. Mencionó, claro, el catálogo online de la biblioteca de la universidad así como las revistas especializadas y las bibliografías de filología románica. Exageró en todo ello bastante e hizo casi como si se tratara de escribir una tesis doctoral. Después de hablar casi media hora en tono trascendente sobre el tema, hizo una pausa y preguntó a una estudiante que estaba sentada en primera fila:

—¿Cómo suele buscar usted la bibliografía necesaria para sus trabajos de seminario?
—Google —respondió la chica con aburrimiento.

El profesor palideció y cambió de tema.

Las carreras de ciencias del espíritu se habían transformado entretanto en una carrera de copiar, cortar y pegar. El estudiante buscaba en internet bloques de textos adecuados al tema y los pegaba hasta obtener una ponencia o un trabajo más o menos coherente. A mí aquello no me cuadraba, pero ateniéndome al dicho latino *quidquid agis, prudenter agas et respice finem* («lo que quiera que hagas, hazlo con sensatez y piensa en el final») apreté los dientes. Casi dos años me costó aprobar los numerosos seminarios y exámenes, junto con el *Staatsexamen* final en español y alemán.

En noviembre de 2008 había superado el *Staatsexamen*: con una nota media de 1,4.*

El *Referendariat* quise hacerlo en un instituto de bachillerato profesional, porque tenía la sensación de que los alumnos de más edad me convenían más. Pero antes de empezar el *Referendariat*

---

* Para el sistema de evaluación en Alemania, cf. la primera nota del primer capítulo. *(N. de la T.)*

tenía que someterme a un control sanitario, pues durante ese año y medio de prácticas se es funcionario del Estado. En diciembre de 2008 me presenté en la Oficina de Salud Pública para que me examinara un médico oficial. Ya en la báscula, con el ceño fruncido, anotó mi peso. Mis 120 kilos habrían sido entonces probablemente razón suficiente para excluir mi nombramiento como funcionario al término de las prácticas. En un examen oficial de salud se está obligado a dar a conocer el estado de salud en su totalidad, junto con el correspondiente historial. Informé por tanto sobre mi psicosis y mi hospitalización en 1994. El médico me miró y dijo: «Entonces he de pensar bien si le dejo hacer el *Referendariat*. Pediré a la clínica el informe del año 1994».

Tanto entonces como ahora, en general no está permitido acceder al funcionariado cuando se está implicado en una psicosis. Sí es posible ingresar en el cuerpo docente como empleado, aunque esto, en comparación con el trabajo en calidad de funcionario, supone una pérdida de ingresos. Finalmente se me permitió acceder al *Referendariat*. Empecé en enero de 2009 en un instituto técnico de Friburgo, el Walter-Eucken-Gymnasium.

El *Referendariat* es una etapa profesional por tiempo limitado, pero no precisamente sencilla; y para mí, de más edad que la media de los aspirantes, menos que para los demás. Eso se debía no tanto a los estudiantes, con los que me entendí bien en conjunto, sino porque el *Referendariat* se basa en estructuras bastante autoritarias: tanto por lo que concierne al centro escolar donde se hacen las prácticas, como en cuanto al seminario donde se recibe la formación pedagógica y didáctica.

Quise hacer el *Referendariat* en las asignaturas de español e historia. Prescindí del alemán, como tercera asignatura, para no sobrecargarme.* En cada asignatura decidía solo el correspondiente director de seminario si se aprobaba el primer semestre y se accedía al segundo año. Para ello eran determinantes pocas

* La enseñanza de una tercera asignatura es facultativa. *(N. de la T.)*

clases, que el aspirante impartía ante los estudiantes correspondientes y en presencia del director del seminario, y después este le evaluaba. Si la primera clase de prueba, que se fijaba ya a las pocas semanas, salía mal, eso representaba un fracaso difícil de reparar y un pésimo pronóstico.

En el primer semestre lo importante era captar lo antes posible qué tenía por una buena clase el correspondiente director de seminario, por alejado de la práctica que eso estuviese; y una vez captado, había que trasponerlo todo lo más perfectamente posible a una hora modélica de clase. Creatividad propia o, menos aún, someter esos criterios a un análisis, no era oportuno, a mi juicio. Porque el voto del director de seminario no era impugnable y tampoco estaba controlado por una segunda instancia. Yo tenía la impresión de que los aspirantes más jóvenes aceptaban con más facilidad ese sistema de calificación. A los aspirantes de más edad, como yo, les costaba más avenirse a ello.

Para la documentación de una unidad didáctica de aproximadamente doce horas de clase elegí en la asignatura de español el tema de la movida madrileña. Yo la había vivido directamente durante mi año de Erasmus y era desde hacía tiempo un fan de Pedro Almodóvar. En esa unidad presenté también *Laberinto de pasiones* (1982), una de las primeras películas de Almodóvar, estridente-delirante, en el ambiente homosexual y roquero del Madrid de entonces. Mi director de seminario me dio por esa unidad didáctica un 4, nota con la que alcancé justo el aprobado. Criticó que así había confrontado a los estudiantes, moralmente lábiles aún, con el tema del consumo de drogas y de la homosexualidad. La realidad es que yo había impartido esa unidad didáctica en la clase doce del instituto. Mis alumnos tenían un mínimo de 16 años, la mayoría 17 y una parte incluso 18. Consideré entonces que el tema era adecuado, pero mejor habría hecho buscándome un tema lo más inocente posible.

Con todo, en el verano de 2010 logré aprobar el segundo *Staatsexamen* con la nota media de 2,5. Además obtuve una plaza en un instituto técnico-comercial de Hausach, en el valle del Kinzig, a 30 kilómetros de Friburgo. Pero mi estado empeoraba más y más, y en aquel verano dejé por completo los medicamentos. Estaba entonces en tratamiento con un psiquiatra ya mayor, que tenía la consulta en nuestro barrio. En el mes de agosto, estando en su consulta, me desmoroné. Acto seguido, me extendió un certificado de incapacidad laboral. El instituto de Hausach esperó aún algún tiempo a mi recuperación. Pero como en el transcurso del otoño de 2010 aún no podía trabajar, acabé perdiendo la plaza.

En noviembre de 2010 mi psiquiatra me apremió con insistencia para que tomara por fin medicamentos. Quería tratar la psicosis con dosis más elevadas de Seroquel (sustancia: quetiapina). Él, naturalmente, era en mi opinión una marioneta sistémica del profesor Schmidt. Vino entonces la mencionada carta de la navaja y el subsiguiente internamiento en el Centro Psiquiátrico de Emmendingen.

El jefe de servicio de ese centro es un hombre experimentado y sereno que ya ha visto en su vida muchos enfermos mentales graves. Tuvo la idea sensata de tratarme con una combinación de Abilify (sustancia: aripiprazol) y una dosis reducida de quetiapina. Abilify es uno de los pocos neurolépticos que llevan en menor medida a un aumento de peso. La dosis más pequeña de quetiapina solo estaba pensada como ayuda para conciliar el sueño. Por otra parte, el efecto antipsicótico del Abilify no es tan marcado. Debido además a su efecto más bien dinamizante ese medicamento produce también desasosiego, y eso fue lo que me ocurrió a mí. Mi psicosis quedó reprimida de modo insuficiente, y a eso se añadía el desasosiego. La quetiapina tampoco produjo un efecto antipsicótico. Así, pese a una estancia de dos meses más o menos en aquel centro, mi psicosis no desapareció. No obstante, me dieron de alta en febrero de 2011. Como el Abilify me producía intranquilidad, una vez dado de alta dejé de tomarlo sin consultar con nadie. Solo continué con quetiapina, en una dosis nocturna de unos 200 miligramos. Eso, evidentemente, no bastaba para reprimir mi esquizofrenia paranoide.

Por lo demás, profesionalmente me encontraba ante la nada. Había renunciado a mi actividad periodística y a la de profesor de alemán para extranjeros. No había podido incorporarme a la plaza obtenida en el instituto. Ahora me encontraba sin trabajo en casa de mis padres, y la psicosis, que aumentaba incesantemente desde 2007, se transformaría en paranoia galopante.

EL INFLUYENTE
BLOGUERO MENTAL

En noviembre de 2010 empecé a organizar un blog en internet. Un amigo experto en diseño y programación en la red fue quien me dio esa idea, que resultaría ser una auténtica bomba incendiaria que aceleraría mi paranoia.

Como en el transcurso de los años precedentes habían ido desapareciendo los encargos periodísticos, era lógico que intentara ser periodista en la red. Es verdad que son muy pocos los que ganan dinero con un blog, pero publicar en internet tiene también sólidas ventajas: uno es su propio jefe (editor y autor en una misma persona), no se tienen limitaciones de espacio y no hay costes de ningún género, porque las plataformas de blogs como Wordpress o Blogger ofrecen gratis sus servicios. Además se tiene en potencia una cantidad inmensa de lectores. Por eso un blog sería quizá la manera de seguir practicando el periodismo o tal vez de llamar la atención sobre mi persona a posibles clientes.

Por otra parte, esa idea, buena en sí, tenía el inconveniente de que yo podía desvalorizar por completo mis textos periodísticos mediante parrafadas paranoicas. Con su propuesta, mi amigo me prestó sin quererlo un flaco servicio. Por otra parte, él era de todos modos un bicho raro; vivía relativamente contento de Hartz IV y se dedicaba intensamente a sus aficiones esotéricas. Yo, por mi parte, desde el renacer de la psicosis en 2007 también me había vuelto cada vez más taciturno y sombrío y me interesaba incluso por el satanismo. Leí la *Biblia satánica* de Anton Szandor LaVey, la obra fundamental de la Iglesia de Satán fundada por LaVey, así como también el *Book of Law* de Aleister Crowley, la obra básica del movimiento neorreligioso Thelema, fundado por Crowley. De la biblioteca de la universidad saqué en préstamo más literatura satánica y en el sinnúmero de curiosas páginas web que se pueden encontrar en internet exploré el tema. Y con mi extraño amigo había encontrado un interlocutor con quien dialogar también sobre esas extravagancias.

Pronto creí ser un influyente «bloguero mental», que estaba conectado cibernéticamente y cuyo trabajo era de gran importancia para el futuro de la política mundial. Estaba convencido de que a mi cerebro llegaban ondas conectadas con ordenadores centrales: mis actividades, una vez descodificadas, se introducían mediante ondas en el cerebro de las personas que estaban cerca de mí.

Y como yo era una de las últimas personas que aún vivía en el «entorno» del sistema, mi producción mental era de suma importancia para el sistema cibernético global. Mi delirio de grandeza que iba en aumento era, por tanto, un resultado casi lógico de mi asimismo creciente delirio de referencia. Las noticias de los periódicos se referían a mí y a mis artículos del blog. Los otros periodistas seguían mi blog con fascinación y lo comentaban indirectamente en sus artículos. En mi blog yo escribía más que nada sobre temas de actualidad, centrándome sobre todo en la —en aquel tiempo— aguda eurocrisis. Que los periódicos y los informativos de radio y televisión de entonces trajeran numerosos artículos y colaboraciones sobre la eurocrisis no es, en verdad, sorprendente. Pero yo, en mi delirio, me consideraba la causa de muchos de esos informes. Por tanto, si estaba en el centro del acontecer intelectual, de la producción periodística, cuando menos en la República Federal, quizás incluso de la producción informativa europea o mundial —así razonaba yo—, entonces tenía que ser una figura influyente en el escenario mediático y político del país e incluso de la política mundial.

Las convicciones que se adquieren durante una psicosis tienen siempre el carácter de verdad absolutamente incontrovertible. Por eso o eliminaba simplemente los hechos que no se ajustaban a mi convicción o lo remodelaba todo para que encajara así en mi universo paranoide.

Mi software del blog me mostraba también, por ejemplo, las entradas diarias. Solían ser entre cincuenta y cien al día, o sea un número bajísimo. Y otra cuestión muy distinta es si quienes navegaban en la red y tropezaban con mi blog leían algo o hacían click directamente. Un indicio objetivo de que mi blog carecía por completo de importancia. Yo, sin embargo, estaba seguro de que las jerarquías superiores del sistema cibernético (los jefes de los centros psiquiátricos y las capas relevantes política y económicamente de la República Federal) querían ocultarme la inmensa importancia que tenía mi blog en la realidad. Mis enemigos manipulaban los números de los accesos a mi blog para confundirme.

Amigos y conocidos me daban a entender, a veces con suavidad, a veces sin más rodeos, que mi blog era insignificante en cuanto al número de lectores. Pero yo no admitía réplica. Porque todas las personas de mi entorno, incluidos mis amigos cercanos y mis familiares más próximos (es decir, también mis padres y mi hermano) no eran sino marionetas sistémicas del profesor Schmidt. Por tanto, si alguien me advertía que mi blog lo leía poca gente, yo lo interpretaba como un nuevo intento de intimidación por parte de mis enemigos.

En mis innumerables textos sobre la eurocrisis criticaba continuamente la política de ahorro que llevaban a cabo Angela Merkel y Wolfgang Schäuble en los estados en crisis, en especial en la Europa meridional. Como mi blog era tan contundente e influyente, surgió en mí la idea de que Merkel y Schäuble tenían interés en impedir que continuara escribiendo. A partir de 2011 me obsesioné de manera progresiva con la idea demente de que ambos querían eliminarme por todos los medios.

En una suerte de delirio maníaco escribí centenares de artículos sobre toda clase de temas. Entre ellos muchos eran objetivos y con una base sólida, pero también había muchos pasajes paranoides sobre la psiquiatría, sobre la cibernética y especialmente sobre mi situación personal. Todo el que leyera esos textos veía enseguida que yo era un enfermo mental, mientras que yo seguía imaginando que era un extraordinario e importantísimo nudo de comunicación cibernética en el panorama mediático mundial.

Que mi blog nunca se viera hackeado e inutilizado por mis poderosos enemigos, lo atribuía a que los servicios secretos estadounidenses me guardaban las espaldas y a que la NSA había instalado mi blog en una plataforma intangible de la red. Porque mientras que Angela Merkel, Wolfgang Schäuble, el servicio secreto alemán BND, y la Oficina Federal de Protección de la Constitución me acechaban, Barack Obama y los servicios secretos estadounidenses me protegían.

Para verme libre por fin de la prisión del sistema cibernético, reflexionaba sobre qué ciudad alemana podría ayudarme a resolver mi problema sistémico. En ella necesitaría un psicoterapeuta que, después de varias sensatas entrevistas, me permitiera la entrada en el sistema cibernético: siempre después de consultar a las jerarquías superiores del sistema, por supuesto, es decir, después de consultar a los correspondientes jefes de clínicas psiquiátricas, responsables de una persona con diagnóstico psiquiátrico y que vive en el «entorno» del sistema.

Mi elección recayó finalmente en Berlín. Mi padre había sido entre 1981 y 1982 «fellow» en el Wissenschaftskolleg de Berlín. En mi adolescencia había ido a verle allí varias veces y la ciudad me había gustado mucho. En Berlín, el coste de la vida era todavía relativamente bajo. Y terapeutas había allí en gran cantidad, naturalmente.

Entretanto me había afiliado a la BPE «Bundesverband Psychiatrie-Erfahrener», [Federación de personas con experiencia de tratamiento psiquiátrico] y me incorporé por anticipado al grupo de Berlín. Quería acudir allí al grupo de autoayuda, que sin duda me ayudaría a encontrar un terapeuta apropiado.

Mi inscripción como socio de la BPE era ante todo un producto de mi descarrío mental, porque yo me veía como víctima de la psiquiatría. Ya los conceptos de «experiencia de tratamiento psiquiátrico» y de «afectados por el sistema psiquiátrico» son algo tendenciosos. Es como si un enfermo de cáncer dijera de sí mismo que tiene «experiencia de tratamiento oncológico» o que está «afectado por el sistema oncológico». Hay, claro, casos aislados en los que una persona se ve internada injustamente en una clínica psiquiátrica. Pero en su mayoría, quienes tienen «experiencia de tratamiento psiquiátrico» o están «afectados por el sistema psiquiátrico» son personas que debido a una enfermedad psíquica han recalado, justificadamente, en un psiquiátrico. Unos años más tarde me borré de la BPE porque, en último término, su rechazo radical de todo tratamiento forzoso no aprovecha al paciente. Hoy veo en los psiquiatras ante todo amigos que prestan ayuda y no enemigos que el enfermo psiquiátrico debe combatir. Pese a los fuertes efectos secundarios, considero útiles los medicamentos. En el caso de la esquizofrenia, el tratamiento con fármacos me parece incluso completamente imprescindible. Es incontestable que la industria farmacéutica tiene afán de lucro. Pero también ha conseguido desarrollar desde los años cincuenta medicamentos eficaces para el tratamiento de las afecciones esquizofrénicas.

En Berlín, primero quise vivir en un cámping situado en Lichtenrade, barrio del suroeste de la ciudad. Había encontrado a través de internet aquel sitio barato. Desde allí buscaría una habitación, una vez que hubiera dado los primeros pasos en la ciudad. Imprimí con antelación las direcciones y los números de teléfono de los periódicos más importantes y de las revistas que se publicaban allí, porque tenía la intención de trabajar otra vez como periodista. Como siempre en esas fases psicóticas, estaba lleno de vitalidad y cargado de energía. Aunque mis padres sabían perfectamente que en mi estado era imposible un nuevo comienzo en Berlín, me salí con la mía. A primeros de abril de 2011 me metí en mi pequeño Hyundai, lleno a rebosar con la tienda de campaña y toda clase de efectos personales, y me puse en camino.

Llegado a Berlín, planté la tienda en el cámping y di una vuelta por la ciudad. Fui al barrio gubernamental y exploré las posibilidades de compra en las proximidades del cámping. El siguiente fin de semana me reuní con los miembros del grupo de autoayuda. No sé decir si se dieron cuenta del estado en que me encontraba. Yo podía hablar y argumentar de modo perfectamente lógico y coherente. A petición mía, algunos miembros del grupo me recomendaron varios psicoterapeutas y yo anoté con aplicación nombres y números de teléfono. Ya el lunes llamé a todos los psicoterapeutas, pero ninguno de ellos tenía una hora libre. Sin embargo, necesitaba un terapeuta: ¿quién si no iba a abrirme la mágica puerta de entrada al sistema cibernético de Berlín? Así que indagué en internet y tras numerosas llamadas telefónicas encontré por fin un terapeuta, llamado Peter Klein, que tenía tiempo.

Unos días después acudí a su consulta, en el barrio de Kreuzberg. Yo, por supuesto, quise entrar enseguida en materia y le expuse con todo detalle mi teoría cibernética. Estoy seguro de que se dio cuenta enseguida de que estaba totalmente paranoico. Sin embargo lo disimuló muy bien y los dos discutimos animadamente sobre la cibernética de primer orden y de segundo orden. Yo había llamado por teléfono al señor Klein porque entre otras cosas tenía una formación profesional sistémica. Cuando hablé de mi ingreso en el sistema cibernético de Berlín, respondió con evasivas: «Primero, señor Gauger, deberíamos conocernos mejor, antes de empezar con eso». No quiso confrontarme en esos momentos con mi delirio, tal vez para no ofenderme ni lastimar mis sentimientos. Y si me hubiera dado una clara negativa probablemente yo no habría vuelto a verle. Pero así acordamos otras citas.

En cualquier caso, ahora tenía un terapeuta en Berlín. Pero eso no cambiaba nada el hecho de que en Berlín el mes de abril es desagradablemente frío y húmedo. La vida en un cámping y dentro de una tienda era cualquier cosa menos confortable. En mis correrías por la ciudad, me sentaba a menudo en cibercafés para redactar breves artículos para mi blog. Una vez fui a meterme en un chiringuito de Döner y pedí una pizza. Allí conocí a Sara, una berlinesa en la cuarentena. Trabamos conversación y le conté, entre otras cosas, que vivía en un cámping en Lichtenrade. Como Sara tenía una habitación libre en su piso de Pankow, intercambiamos los números de teléfono y le dije que me lo pensaría. Después de otra noche fría y húmeda en la tienda, la llamé y acordamos que me mudara a su piso ese mismo día.

El viaje de Lichtenrade, en el suroeste, a Pankow, en el noreste, fue laborioso pero por fin llegué. Cuando hube colocado mis cosas, Sara me contó que vivía de Hartz IV y que tenía cinco mil euros de deudas. Por eso debía pagarle por adelantado el alquiler. Fuimos al cajero más próximo, le entregué el dinero y después hicimos la compra en un supermercado, donde también pagué yo.

Durante los primeros días Sara fue una agradable compañera de piso. Pero con el tiempo comprobé que adolecía de enormes cambios de humor. De un minuto a otro cambiaba de amable y simpática a agresiva, y finalmente me contó que padecía de trastorno límite de la personalidad *(borderline)*. Me contó también que tenía hijos, pero que preferían vivir con el padre.

El diagnóstico de Sara no prometía nada bueno. De hecho, sus altibajos emocionales fueron cada vez más violentos en las semanas siguientes. Podía perder los estribos por cualquier insignificancia, conmigo y con su pareja, pero también con el camarero de cualquier cervecería por el que se sentía provocada. Era un barril de pólvora ambulante. Un día en que, durante una excursión en común, conducía ella mi coche, tuvo un ataque de furia y poco faltó para que causara un accidente.

Pese a todo, durante algún tiempo nos entendimos relativamente bien. Durante el día yo solía ir a un café turco donde había internet y allí escribía en mi blog; el tema de mis artículos seguía siendo la eurocrisis. Durante ese tiempo, Sara trabajaba para llevar adelante su carrera de cantante y compositora y luego, por la noche, me cantaba acompañándose de la guitarra canciones compuestas por ella. Las letras eran del nivel de «Ich bin auf Hartz IV und trinke fröhlich mein Bier» [Aunque vivo en la pobreza, bebo alegre mi cerveza], pero tenía una voz bastante buena, sabía tocar la guitarra y no carecía de experiencia de grupo musical. Pero yo no podía imaginarme que con esas letras tuviera éxito. Sin embargo la alababa con entusiasmo cuando me cantaba alguna de sus canciones, aunque solo fuera para estabilizar su vacilante estado anímico.

Era cuestión de tiempo que la situación entre los dos empeorase. Eso ocurrió a finales de abril. Una noche perdió por completo los estribos porque, en su opinión, yo no había fregado los platos en debida forma. Por mi parte, también estaba harto de sus cambios de humor y discutimos a voz en grito. Tras la discusión acordamos que me marchara de su casa. Al día siguiente haría el equipaje y volvería al cámping.

Pasé una noche intranquila en el piso y por la mañana temprano me fui a un café de Pankow. Allí trabé conversación con dos hombres mayores. Uno de ellos había trabajado en la RDA para una compañía de seguros, y cuando le pregunté cómo había sido para él todo aquello, solo dijo lapidariamente: «En el fondo no tan distinto de hoy».

Entonces le conté lo que acababa de pasarme:

—Hace unas semanas me trasladé a Berlín y he vivido realquilado en casa de una mujer, en Pankow, hasta que ayer me puso de patitas en la calle.

—¿Cómo es posible que se haya venido a Berlín dejando una apacible ciudad de provincia con una gran universidad?

—me preguntó—. En Berlín la vida es dura, aquí se puede uno tropezar con todo tipo de gente fracasada y malograda. Más vale que regrese a Friburgo y olvide todos los planes relacionados con Berlín: con el elevado índice de desempleo, esta ciudad también es lo más contrario a un paraíso en el aspecto profesional.

Habida cuenta de mi desilusionada situación, ese consejo era sin duda adecuado y lleno de lógica. El otro señor, amigo suyo evidentemente, no dijo mucho durante la conversación. Pero sus comentarios también iban en la dirección de que yo debía regresar.

Cuando estuve de nuevo en el cámping de Lichtenrade, mi paranoia se hizo sentir. Después de reflexionar a fondo durante dos o tres días llegué a la conclusión de que los jefes de clínicas psiquiátricas aliados con políticos del barrio gubernamental, sobre todo Wolfgang Schäuble y Angela Merkel, me habían tendido una trampa. Habían pagado a Sara para que me hiciera polvo con sus cambios de humor y luego me pusiera en la calle. En cambio los dos hombres simpáticos eran antiguos miembros de la Stasi, que ahora estaban pagados por los servicios secretos alemanes. ¿No había asegurado uno de ellos que su vida en la RDA no había sido muy distinta de su vida en la Alemania reunificada? Claro, ese hombre era un cínico profesional de la Stasi a quien le daba igual a sueldo de quién estaba y en qué sistema vivía. La afirmación de que trabajaba en una agencia de seguros era por supuesto puro embuste. También Peter Klein, mi terapeuta, era solo una marioneta sistémica de los jefes de clínicas psiquiátricas de Berlín. Con su táctica dilatoria quería ganar tiempo para que ese pérfido plan saliera adelante. La tarea de Klein había sido, por tanto, hacer que me creyera seguro y darme esperanzas hasta que se cerrara de golpe la trampa. Y la verdadera causa de todo ello era mi blog. Esa era la venganza de mis enemigos por mis artículos críticos sobre la gestión de la eurocrisis por parte de Merkel y de Schäuble y también por mi acerba crítica del profesor Schmidt y de la psiquiatría de la República Federal.

Todo esto era de una lógica tan aplastante que, como es natural, publiqué el correspondiente artículo en mi blog, para que mis fans supieran que no me dejaba engañar por las fútiles añagazas de mis enemigos.

Berlín no era la ciudad liberal y cosmopolita en la que pudiera quedar resuelto mi problema sistémico. Era un nido de víboras lleno de directores de clínicas psiquiátricas que urdían planes contra mí, y de destacados políticos que querían darme una lección. Tenía que abandonar Berlín lo antes posible, antes de que mis enemigos pudieran preparar más golpes contra mí. Fui una última vez a la consulta de Peter Klein, a quien informé de que había desistido de mis planes con Berlín. Más no le dije, puesto que de todos modos él no era sino una marioneta sistémica. Ese psicoterapeuta había sido, además de Sara, el único contacto personal que tuve en Berlín. Aparte de algunas conversaciones efímeras y triviales no había conocido a nadie más de cerca.

Pagué en el cámping los pocos días que había vivido allí después de que Sara me pusiera en la calle. Y después regresé a mi casa.

Así mi nuevo comienzo en Berlín terminó en un completo fracaso. Pero, paradójicamente, me encontraba bastante bien. En mi imaginación y mi delirio de grandeza me veía como genial estratega que había descubierto con mirada perspicaz el sofisticado ardid de mis enemigos en Berlín y lo había hecho público en mi blog. Por eso me subí a mi coche como imaginario vencedor en ese combate. De regreso en Friburgo seguí de buen humor y lleno de energía. Mi ceguera mental era ya tan completa que, aunque me había dado cuenta de que mi novia Simone casi no me llamaba, lo consideraba una artimaña del profesor Schmidt que la utilizaba como marioneta sistémica y la apartaba de mí para presionarme. Ella sigue queriéndome, pensaba yo, pero obedece la orden cibernética de romper conmigo. Yo recomponía a mi manera las más evidentes derrotas hasta que encajaban en mi visión del mundo.

Seguía escribiendo como un poseso en mi blog. Pues en Berlín había comprobado con qué tenacidad y astucia me perseguían Angela Merkel, Wolfgang Schäuble y los médicos jefes. Por aquella época ya no iba a ver prácticamente a ningún psiquiatra. Para liberarme de la especie de asedio a que estaba sometido en Friburgo, viajé varias veces a Madrid, al apartamento de mi madre. Allí me compré un completo equipo electrónico y apremié a mi madre para que contratara tarifa plana para teléfono e internet. Durante esas estancias en Madrid escribí un artículo tras otro en el blog, permanecí casi todo el tiempo en el piso y vi raras veces a algunos de mis tíos o primos.

Como era cada vez más intratable para mis amigos, a partir de 2011 mi soledad fue en aumento. No solo Simone, sino también otros amigos se fueron retirando. Como todos eran marionetas sistémicas del profesor Schmidt, no interpreté esa creciente disolución de mi red social como una consecuencia de mi enfermedad sino de mi creciente influencia en el sistema.

Solo Markus, un amigo al que había conocido en el invierno 2010-2011, durante mi estancia en el Centro Psiquiátrico de Emmendingen, me guardó fidelidad. Markus es diez años más joven que yo y también tiene fases de paranoia. Él notó entonces que yo no estaba bien. Pero como él conocía situaciones parecidas sabía que para mí era indispensable contar con un apoyo.

En septiembre de 2012, Markus viajó conmigo a Madrid. Recorrimos un poco los lugares interesantes y una mañana fuimos juntos al Prado. Cuando salimos del museo a primera hora de la tarde, nos sentamos en un bar situado enfrente, en la otra acera del paseo del Prado. Tomando café empezamos a charlar con un hombre mayor que se había percatado de que éramos alemanes. Resultó que pertencía al equipo de seguridad de Angela Merkel.

En aquellos días la canciller estaba también en Madrid para hablar con el presidente del Gobierno Mariano Rajoy sobre cómo superar la eurocrisis. Merkel había sido recibida en la capital por manifestantes que gritaban «go home». Muchos españoles consideraban inadmisibles las duras medidas de ahorro.

Ese hombre era seguramente una especie de policía de paisano que estaba también en contacto con el Bundesnachrichtendienst (BND), el servicio secreto alemán. Nos dijo que colaboraba con la policía española para garantizar la seguridad de Angela Merkel. Se daba cierta importancia y además estaba indignado porque la población de los países meridionales recibía a Merkel coreando «Heil Merkel» y otras frases alusivas al nazismo. Fanfarroneaba además hablando de otros políticos; sobre Oskar Lafontaine[*] decía por ejemplo: «Más le habría valido quedarse en el Sarre». Schäuble, en cambio, era en su opinión un hombre consciente de su deber, que a pesar de su discapacidad tenía una inmensa capacidad de trabajo. Después de haber conversado unos diez minutos con aquel hombre, nos marchamos. Pero como es natural aquel encuentro fue leña que alimentó el fuego de mi enfermedad. Yo estaba ahora firmemente convencido de que ese policía de paisano, del equipo de seguridad de Angela Merkel, había estado esperándome en el bar para que viera con claridad que el aparato de la canciller también estaba presente en Madrid. Un claro signo destinado a mi persona para que comprendiera que España también era una colonia de Alemania.

Tres meses después, en la Nochevieja de 2012, mi paranoia se volvió completamente incontrolable. Un amigo que todos los años,

***

[*] Oskar Lafontaine (1943), miembro del Partido Socialista SPD, fue primer ministro del Estado del Sarre, hasta que en 1998 pasó a formar parte del primer gobierno de Gerhard Schröder como ministro de Hacienda. En marzo de 1999 dimitió de todos sus cargos en protesta por la política neoliberal de Schröder que él se negó a compartir y pasó pocos años después a formar parte del partido de izquierdas *Die Linke* («La izquierda»). Actualmente es presidente del grupo parlamentario de *Die Linke* en el parlamento regional del Sarre. *(N. de la T.)*

sin excepción, me había invitado a su fiesta de fin de año, esta vez no me había llamado. Quizá fuese casualidad, pero como yo era cada vez más intratable, no habría sido extraño que no quisiera tenerme en su fiesta. Al final Josef, un músico amigo, me invitó a una pequeña fiesta en casa de uno de sus amigos. Josef padece también esquizofrenia paranoide y por eso, igual que Markus, es muy comprensivo conmigo.

Así que en la noche de fin de año nos reunimos en el pequeño piso del amigo de Josef, que era el anfitrión. También había allí un estudiante español, que hablaba sin parar y sin control sobre todo género de cosas. Nuestro anfitrión propuso subir después de la cena, hacia las once y media, a un promontorio cercano donde podríamos encender una hoguera. Al oír eso, tuve claro que la operación del fuego nocturno era una trampa para hacer que me metiera en el bosque y matarme allí. Cuando, en efecto, salimos todos del piso después de la cena para subir a la colina, tuve un acceso de pánico: a los 100 metros, sin mediar palabra, me di media vuelta, corrí hasta mi coche y me fui a casa. Definitivamente, el profesor Schmidt, Merkel, Schäuble y los servicios secretos alemanes habían determinado deshacerse violentamente de mí.

PERSECUCIÓN CIBERNÉTICA

El día de Año Nuevo, me reuní con un amigo español que quería dar una vuelta conmigo por el centro de la ciudad. Cuando vio mi desastroso estado, me hizo reproches. De todos modos ya me encontraba en un estado de pánico y, definitivamente, no podía más. Discutimos, lo dejé plantado y volví a casa, donde eché con prisa un par de cosas en una mochila; lo metí todo en mi coche y partí. No dije a mis padres adónde iba. Tampoco lo sabía.

Como necesitaba urgentemente salir de Alemania, mi primera estación fue Basilea. Hacia medianoche aparqué en cualquier sitio de la ciudad y durante una hora escasa deambulé por las calles. En una plaza bastante grande me llamó la atención un hombre que parecía estar esperando algo. Hablé con él y resultó que poco tiempo antes había salido de la cárcel.

—Quiero marcharme de Basilea, aquí no hay nada para mí.
—Vale, puedes venirte conmigo. Yo también quiero seguir viajando —respondí.

Mis protectores me habían enviado a ese presidiario. Estaba convencido de eso. Sin duda su misión era protegerme.

Durante el trayecto decidí dirigirme a Bruselas. Allí vivía y trabajaba Francis Heylighen, uno de los dos editores de la página web Principia Cybernetica Web. Con él podría hablar sobre mi «problema sistémico». Mi acompañante estaba de acuerdo: «Conozco en Bruselas una comunidad religiosa católica que se ocupa de antiguos reclusos», me dijo.

Viajamos toda la noche. Una vez en Bruselas, buscamos un cibercafé donde también podía llamar por teléfono. Averigüé en internet el número de teléfono del Global Brain Institute; llamé, pero una empleada me dijo que Francis Heylighen no estaba. De modo que yo había viajado a Bruselas para nada. ¿Qué hacer, pues? Entonces tuve una idea.

Cuando viajábamos por la autopista camino de Bruselas, había ido durante algún tiempo delante de nosotros un camión que anunciaba el diario londinense *The Guardian*. Eso era una señal de mis protectores: yo debía viajar a Londres.

Mi acompañante, entretanto, me estaba resultando algo sospechoso. De modo que lo dejé allí y me dirigí hacia Calais, a unos 200 kilómetros escasos de distancia. Cuando llegué por la tarde, aparqué el coche, cargué con mi mochila y me monté en el ferri a Dover. Desde allí tomé el autobús a Londres. Dos horas más tarde había llegado.

Esa precipitada huida fue un enorme estrés. Desde mi desatinada salida de casa por la noche me había sentido como perseguido por una jauría. Mis enemigos estaban pisándome los talones y querían liquidarme antes de que encontrara una ciudad en la que alguien pudiera ayudarme. Por supuesto que mi cansancio era ya enorme. Así que me marché de la estación de Victoria y erré por el centro de Londres. Por fin encontré un sórdido hostal donde, por un módico precio, tomé una habitación individual por una noche.

A la mañana siguiente me encontré otra vez con el interrogante: ¿quién podía ayudarme a entrar en el sistema cibernético de Londres? En la autopista a Bruselas, mis compañeros periodistas de *The Guardian* me habían enviado ese mensaje; entonces compré en un quiosco un ejemplar de *The Guardian* y un plano de la ciudad. Averigüé así que la sede central de *The Guardian* se encontraba en el barrio de King's Cross. Me dirigí allí en metro y me planté directamente en la recepción. Pero entonces no supe exactamente cómo formular mi deseo. El hombre de la recepción, con cara de aburrido, no daba en absoluto la impresión de estar esperando mi visita. Finalmente dije: «Soy un periodista alemán y me gustaría hablar con alguno de mis colegas de Londres». El hombre me dio una tarjeta de visita, en la que había números de teléfono de algunos redactores, pero por supuesto no me dejó entrar en el edificio.

Estaba desengañado, me marché y me metí en un McDonald's cercano. Mientras comía leía *The Guardian*. De pronto alguien preguntó: «¿Podemos sentarnos en tu mesa?». Levanté la mirada y vi a dos hombres de piel oscura. «Sí, claro», respondí.

Trabamos conversación y resultó que eran *Street Angels*, voluntarios del trabajo en la calle que se ocupaban de la gente en apuros. De pronto lo supe con seguridad: ¡Barack Obama me había enviado a aquella pareja! Les conté que era alemán y que acababa de llegar a Londres y aún no tenía alojamiento ni contactos. Entonces ellos me llevaron a una de sus sesiones bíblicas en el barrio de Stratford. Se reunieron en un café y leyeron juntos un pasaje del Segundo Libro de Samuel, que trataba del ascenso de David a rey de todo Israel. Claro que no era casualidad aquello: esa historia del rey David se refería también a mí.

Yo seguía deseando resolver en Londres mi problema sistémico. Pregunté al jefe del grupo si conocía algún terapeuta en Londres. Así había procedido también en Berlín. Me miró sorprendido y me aconsejó que fuera simplemente a una clínica psiquiátrica cerca de Stratford que pertenecía al Newham University Hospital. En mi interior sonó un timbre de alarma. Pero el hombre me dijo también que en Inglaterra nadie puede ser retenido en una clínica contra su voluntad. Como yo no tenía alojamiento, los *Street Angels* me buscaron un pequeño hotel en Stratford, y al día siguiente me fui en autobús al Newham Centre for Mental Health. En la recepción ya se había formado una cola y cuando me tocó a mí, el empleado de la clínica quiso antes que nada ver mi pasaporte. Luego me dijo que, en primer lugar, un enfermero hablaría conmigo. Pero yo estaba seguro de que un enfermero psiquiátrico no sabría qué hacer con mi historia.

—¿Qué ocurre si el enfermero opina que soy un enfermo mental? ¿Tengo que quedarme aquí contra mi voluntad? —pregunté. El hombre de la recepción se volvió lacónico:
—Sobre eso no puedo decir nada.
—Por favor, devuélvame el pasaporte —le pedí y salí de la clínica.

Entonces reflexioné febrilmente y por fin encontré la explicación: el camión con el anuncio publicitario de *The Guardian* había sido una estratagema de mis enemigos. Los editores de *The Guardian* estaban pagados por Angela Merkel. El primer ministro británico David Cameron y los directores de clínicas psiquiátricas de Londres se habían aliado asimismo para este asunto con la canciller alemana. Me habían enviado a los *Street Angels* para hacerme caer en la trampa. En el Newham Centre for Mental Health, sin duda alguna, me habrían retenido y sometido a un tratamiento por la fuerza. Londres, lo veía con claridad, era una trampa gigantesca. Me habían conducido a la mayor metrópolis de Europa para deshacerse definitivamente de mí.

Presa del pánico regresé a toda prisa a mi pequeño hotel y recogí mi mochila. Me mudé a un hotel de Stratford de la cadena francesa Ibis: el presidente francés Hollande estaba con toda seguridad de mi parte. Aquellos amables empleados de la recepción seguramente eran miembros del servicio secreto francés.

Durante los días siguientes trabajé en mi blog en un cibercafé de Stratford. Escribí un sarcástico artículo sobre David Cameron que me había vendido a Angela Merkel. Una tarde fui a un pub y pedí una Coca Cola. La camarera olvidó mi pedido y entonces supe con seguridad que los servicios secretos estadounidenses y franceses querían prevenirme contra las bebidas ya abiertas: podrían estar envenenadas. A partir de ese momento solo compré bebidas enlatadas.

Uno de esos días tomé el metro para hacer un recorrido bastante largo por Londres y llegar a la embajada francesa situada en Knightsbridge, al sur de Hyde Park. Tenía la esperanza de que allí pudieran ayudarme. Sin embargo, durante el viaje me asaltaron las dudas: ¿no podían desviar los trenes del metro y los autobuses para hacerme llegar a alguna solitaria estación o parada de autobús y asesinarme allí? A las pocas estaciones me bajé apresuradamente y emprendí una marcha a pie de varias horas hasta la embajada francesa.

Pero allí me esperaba un desengaño. Como estaba seguro de que otras personas podían leer mis pensamientos, me limité a decirle a la señora de la recepción:

—¿Me conoce usted y puede ayudarme?

—No, no le conozco —respondió.

Como Londres era una trampa y los franceses no podían ayudarme, llegué a la conclusión de que solo Barack Obama estaba de mi parte. Salí de la embajada, me mudé a un hotel de la cadena estadounidense Holiday Inn y pasé la tarde sentado en el vestíbulo. A la mañana siguiente tuve por primera vez la sensación de que fuera había francotiradores apostados para matarme.

Tenía que regresar al continente, a París, y en un ordenador que había en el vestíbulo del hotel busqué rutas favorables para volver a Dover y de allí, por Calais, a París. Tomé un tren en la estación de Stratford International, y transbordé durante el viaje a otro tren que me llevó a la estación de Ashford, cerca de Dover. Entretanto era ya de noche y de Ashford solo salía un autobús en dirección a Dover. Estaba seguro de que ese autobús había sido puesto especialmente a mi disposición para que huyera y me pusiera a salvo antes de que cualquier asesino a sueldo pudiera despacharme. Durante el viaje me tumbé en el suelo porque tenía miedo de que los francotiradores me descubrieran por las ventanillas del autobús.

En la estación de ferris de Dover tomé un taxi. El taxista turco se ofreció a llevarme esa misma noche en el autotren por el eurotúnel a Calais. Le pagué por eso 300 euros y un socio suyo con el que se comunicaba por móvil manos libres viajó en un Porsche Cayenne detrás del taxi. Poco antes de llegar al túnel, en Folkstone, el taxista se detuvo de pronto frente a un cajero de un banco y me pidió que sacara más dinero. Pero mi cuenta corriente se había quedado vacía. Así que su socio y él se contentaron finalmente con los 300 euros y me llevaron a Calais. Visto en retrospectiva no sé decir si se trataba, pura y simplemente, de delincuentes o solo de dos ladinos taxistas que aquel día quisieron hacer un buen negocio conmigo.

En Calais aún estaba mi coche, pero lo dejé allí porque era demasiado peligroso usarlo. El amigo español con el que me había peleado antes de mi precipitada huida recogió el coche unas semanas después, a petición de mis padres, y lo llevó de vuelta a Friburgo. Al menos no habían robado el coche. De lo contrario el daño económico causado por mi desatinada huida habría sido aún mayor.

Tomé el tren a la estación de París Norte. Allí me convencí enseguida de que en París tampoco me ayudaría nadie porque la ciudad me causaba una impresión de rechazo.

Sin pensarlo más tomé un tren a Ámsterdam para probar suerte allí. En la estación de Amsterdam Centraal me senté en un café y esperé a que mis protectores se dirigieran a mí. Pero no ocurrió nada. Introduje mi historia sobre mi actividad cerebral en el sistema cibernético. Sin embargo, nadie pareció fijarse en mí. A las dos horas dejé de esperar y me compré un billete de vuelta a París.

En Europa no encontraría ninguna ciudad en la que me ayudaran. Como última salvación solo quedaba Estados Unidos.

El vuelo de París a Nueva York dura unas ocho horas. Y yo disponía aún de mi Mastercard. En una oficina de cambio de la estación París Norte retiré un anticipo de 150 euros y me fui en taxi al aeropuerto de París-Charles de Gaulle. Entretanto había anochecido. Cuando no se tiene un billete de avión válido, por la noche el personal de seguridad te obliga a marcharte a una estación cercana del ferrocarril regional. Allí pasé la noche.

Mi viaje duraba ya una semana. Cuando preparé mi mochila a toda prisa la noche de Año Nuevo, no pensé ni en mudas de ropa interior ni en calcetines. En Londres me había duchado un par de veces, pero no me había cambiado de ropa. Con el tiempo ya olía mal. Pero no encontraba ocasión de comprar nada. La paranoia me acosaba sin descanso.

El 10 de enero por la mañana compré un billete de Delta Airlines a Nueva York. El avión despegaba por la tarde, y después de la huida de Londres y de la noche en aquella fría estación, estaba cansadísimo. Una vez acomodado en el avión, se sentó a mi lado un joven árabe, que tras una breve conversación conmigo fue trasladado por la azafata a otro asiento. Yo estaba seguro de que había transmitido por radio nuestra conversación a Estados Unidos para prevenir a los jefes de clínicas psiquiátricas de Nueva York contra un esquizofrénico sistémicamente peligroso. Los miembros de la tripulación del avión pertenecían sin duda alguna a los servicios secretos de Estados Unidos.

En el Aeropuerto Internacional John F. Kennedy, el funcionario de aduanas me miró con desconfianza y quiso saber de qué medios disponía para mi estancia en Estados Unidos. Yo tenía un aspecto desastroso y olía que apestaba. Pero con mi tarjeta de crédito pude tranquilizar al funcionario.

Reservé una habitación en un hotel en las proximidades del aeropuerto y allí por fin, por primera vez al cabo de mucho tiempo, dormí varias horas seguidas. Por otra parte no tenía muchas esperanzas de encontrar ayuda en Nueva York. Mi tierra prometida era el Área de la Bahía de San Francisco. Allí quería presentarme en el Mental Research Institute (MRI) de Palo Alto. Sin embargo, me fui a la ciudad y una vez allí hice un nuevo adelanto de unos cientos de dólares con mi tarjeta. Pero Nueva York, como ciudad, me pareció hostil y poco hospitalaria. Finalmente regresé al Aeropuerto Internacional John F. Kennedy para tomar un vuelo a California.

Allí hice el desagradable descubrimiento de que mis padres me habían bloqueado por fin la tarjeta de crédito. Mi dinero en efectivo no bastaba para un vuelo a San Francisco. Pero tampoco podía volver sin más a París, pues había fijado mi viaje de vuelta para tres semanas después de mi llegada a Nueva York. Deambulé por el aeropuerto sospechando otra vez que por todas partes había francotiradores encargados por los psiquiatras neoyorkinos de eliminarme. Varios policías del aeropuerto hablaron conmigo, pero me dejaron seguir después de que yo les explicara que me había extraviado.

Al final, un empleado de Delta me prestó el gran servicio de cambiar para el día siguiente, con tarifa cero, el vuelo de regreso a París. ¡Una noche más en el aeropuerto y podría retornar a París!

El 13 de enero aterrizaba en el aeropuerto de París–Charles de Gaulle: pero sin mi mochila, que había perdido en algún lugar. Aunque ahora no tenía ni dinero ni mochila y olía como un vagabundo, no quise volver a casa. En el aeropuerto me tropecé con dos cubanos que charlaron conmigo unos minutos. ¡Era una señal! Tenía que solicitar asilo en la embajada cubana. En el aeropuerto los psiquiatras de Nueva York habían tratado de deshacerse de mí como de un perro sarnoso. En una taquilla de información pedí que me buscaran la dirección de la embajada cubana en París, que estaba cerca del Campo de Marte, en el distrito XV. Me trasladé en autobús del aeropuerto al centro de la ciudad, allí tomé el metro porque para un taxi ya no me bastaba el dinero. En el distrito XV vagué toda la tarde en busca de la Embajada de Cuba, sin poder encontrarla. Estaba al límite de mis fuerzas.

Tras la correría de varias horas, el 13 de enero por la tarde me arrastré hasta un café en uno de los grandes bulevares de París y pedí una Coca Cola. Como olía tan mal, me senté en la terraza. Allí empecé a llorar con desconsuelo. Entonces noté una mano sobre mi hombro. Una mujer árabe de unos 30 años se había sentado junto a mí. Yo, evidentemente, creí otra vez que venía enviada por mis protectores. La mujer, sin embargo, no era ni más ni menos que una prostituta. Me guió hasta un supermercado y allí compramos cantidad de vestidos y bisutería para ella, pero también un poco de ropa interior y varios pares de calcetines para mí. Con gran sorpresa por mi parte pude pagar otra vez con mi tarjeta de crédito; y también en este caso estuve seguro: mis protectores no solo me habían enviado a aquella samaritana sino que también habían transferido dinero a mi cuenta corriente. De modo que pagué una cuenta de 380 euros… Cenamos en una pizzería, donde volví a gastar 70 euros.

A continuación, la prostituta, a pesar de mi desolador estado higiénico y mental, quiso ir conmigo a un hotel. Por mi parte, no tenía mayor interés y en realidad solo quería ducharme, ponerme ropa limpia y dormir. Así pues, nos subimos a un taxi y nos dirigimos a un sórdido hotel, pero incluso allí el dueño no quiso darnos una habitación. Éramos, por supuesto, una extraña pareja, aquella prostituta árabe más bien tosca, y un cliente cochambroso y mentalmente trastornado. Al final encontramos hotel. La mujer me sacó un poco más de dinero, dijo: «Voy un momento a comprar cigarrillos» y desapareció para siempre con la compra.

Yo había ido a parar a un sencillo hotel de una estrella, pero el hombre de la recepción era amable y vio que me encontraba en un estado desolador. Me dejó utilizar su teléfono para llamar a mis padres. Se puso mi padre y me dijo entre otras cosas que me había transferido otra vez hacía poco una suma bastante grande a mi cuenta corriente. Después de hablar con mi padre me fui a la cama en aquel hotel echando dolorosamente de menos la ropa interior nueva y los calcetines nuevos.

Los medios presentan a menudo de manera sensacionalista casos de esquizofrenia paranoide que abocan en actos de violencia. Es cierto que algunos paranoicos se sienten tan amenazados que recurren a la violencia. En 1990 una mujer con un trastorno mental hirió de gravedad con una navaja a Oskar Lafontaine. Y ese mismo año, otro enfermo mental derribó a tiros con una pistola a Wolfgang Schäuble. No quiero minimizar los posibles peligros provenientes de personas enfermas de paranoia. Pero los medios nunca informan sobre los numerosos casos de enfermos psiquiátricos que se ven estafados por delincuentes. Las personas que padecen una psicosis no saben calibrar con sensatez la realidad. Por eso están casi predestinadas a ser víctimas de estafadores. Por eso fue típico que yo me viera desplumado por una prostituta de París.

Me quedé un día más en París e ideé nuevos planes. La dinámica de mi enfermedad seguía siendo enorme. Estaba firmemente convencido de que en Alemania iban a matarme. Ahora disponía otra vez de algún dinero, por eso me trasladé a un hotel de cuatro estrellas, que me parecía más seguro y costaba 200 euros la noche. En último término lo que yo quería era ir a San Francisco. Por eso me fui de nuevo al aeropuerto de París-Charles de Gaulle solo para comprobar allí que apenas me quedaba dinero en la cuenta corriente. La idea de Cuba seguía dándome vueltas en la cabeza: a lo mejor Fidel Castro me regalaba un billete de avión. Por eso el 16 de enero por la mañana viajé en el tren regional y en un autobús de enlace al aeropuerto de Orly de donde volaba a La Habana y a Santiago de Cuba la compañía estatal Cubana de Aviación. Pero en el aeropuerto comprobé que Cubana de Aviación no tenía un despacho de billetes propio sino que solo se podía contactar con la aerolínea a través de un número de teléfono. Llamé desde un teléfono público y expliqué a la empleada que se puso al teléfono: «Quiero un billete de avión para La Habana. Pero no puedo pagarlo, me gustaría que me lo dieran gratis». La mujer al otro lado de la línea colgó sin más.

Fidel Castro no era tan dadivoso como yo había pensado. Así, con unos pocos euros en el bolsillo, había quedado varado en el aeropuerto de Orly. Permanecí allí unas horas reflexionando sobre las posibilidades que me quedaban. Todo era mejor que regresar. En la estación París-Este tomé un tren a Estrasburgo. Charlé con un africano de cierta edad, lo que volví a interpretar como una señal de que Barack Obama me protegía. En la Estación Central de Estrasburgo me senté en un café y esperé al «milagro cibernético». Pero esta vez no aparecieron protectores. Nadie me dirigió la palabra. Decidí viajar esa misma noche a Basilea. Quería ver allí a un terapeuta con el que había estado en octubre de 2010. De los terapeutas alemanes ya no me fiaba.

Llegué a Basilea en plena noche, hacía un frío terrible. Me puse delante de un café, en cuya puerta había varias videocámaras. Pensé que me servirían de protección. Después de permanecer de pie en el frío por lo menos seis horas me dirigí a eso de las ocho de la mañana a la consulta del terapeuta, pero no estaba. Sin embargo, yo sabía de otro terapeuta de Basilea al que había conocido en el verano de 2008. Cuando me presenté allí, zarrapastroso y maloliente, comprendió al momento lo que me ocurría: «Ahora no tengo tiempo, por desgracia —dijo— pero vaya al hospital psiquiátrico de aquí. No está lejos».

Como confiaba en él, me presenté en la portería del hospital psiquiátrico de la universidad. Allí, una médica de guardia habló un momento conmigo. «Sufro persecución cibernética y busco refugio en Suiza», le dije.

La psiquiatra comprendió de inmediato de qué se trataba y me pidió que me quedara en la sala de espera. Antes me había pedido el pasaporte y había hecho una copia. Después de reflexionar un rato, tuve de pronto la seguridad de que los psiquiatras de Basilea querían entregarme a Alemania. Así que salí disparado de la clínica.

Caminé por Basilea hasta que, agotado, busqué refugio en un aparcamiento subterráneo. Alguien me vio allí y llamó a la policía.

Apareció un agente que, nervioso y con malos modos, me cacheó en busca de armas y así encontró en el bolsillo de mi pantalón el impreso que había rellenado en la clínica psiquiátrica de la Universidad de Basilea. Al final me metió en su coche, me condujo al puesto de policía y me encerró en una celda. Entonces aparecieron otros dos policías, me llevaron al puesto fronterizo alemán de Weil am Rhein y me entregaron a la policía alemana, que me metió de nuevo en una celda, quitándome previsoramente los tirantes del pantalón para que no pudiera atentar contra mi vida.

Resultó de todo ello que mis padres, desesperados como estaban, habían dado parte de mi desaparición y desde hacía días me buscaba la Interpol. Mis padres habían ido también a Weil am Rhein. Finalmente, una ambulancia me condujo a la clínica psiquiátrica de Friburgo. Mi padre iba en la ambulancia, mi madre seguía detrás en nuestro coche.

PESE A TODO, UN HOMBRE FELIZ

En presencia de mis padres me sometieron en la clínica a varios tests psicodiagnósticos. Las preguntas que me hizo la médica de guardia tendían todas de modo inequívoco a diagnosticar mi esquizofrenia paranoide; por ejemplo, me preguntó: «¿Tiene usted la sensación de que controlan, dirigen o leen sus pensamientos?». Como es natural, dije que no, aunque estaba firmemente convencido de que otros podían leer mis pensamientos. El test no sirvió de nada porque yo, simplemente, mentía. Al final la psiquiatra me dejó ir a casa, pero en caso de que me sintiera mal o intranquilo, debía acudir otra vez a la clínica. De modo que mis padres me llevaron con ellos otra vez.

En casa me despojé de mi ropa mugrienta y me duché largo tiempo. La ropa, que había metido en una bolsa de plástico y dejado en el pasillo, apestaba de tal manera, que mi padre me gritó: «¡Klaus! ¡Tira esa ropa ahora mismo al contenedor de basura!».

Al momento me convencí de que a mi padre lo utilizaban como marioneta sistémica para hacerme salir a la calle, donde habría francotiradores que me abatirían a tiros.

Eran ya las dos de la madrugada, pero pese a ello llamé por teléfono a la clínica psiquiátrica y dije al psiquiatra de turno que no me sentía seguro en casa. El médico me aconsejó que fuera con mi padre al Centro Psiquiátrico de Emmendingen, donde ya había estado ingresado de noviembre de 2010 a febrero de 2011. Mi padre conducía y yo me tendí en el asiento trasero por los posibles francotiradores. Fuimos a Emmendingen, donde de momento me ingresaron en la planta de aislamiento, lo que me pareció perfecto: por mi seguridad.

El grave ataque de paranoia que sufrí a partir de NocheVieja de 2012 tuvo para mí una dimensión completamente nueva. Mi delirio de referencia se presentó en él con una fuerza particular. Cualquier insignificancia de mi entorno la relacionaba conmigo y la integraba en mi visión paranoica del mundo. Especial atención prestaba a la música que había en mi entorno. En unos almacenes de Londres que yo recorría se oía por los altavoces *Stayin'Alive*, de los Bee Gees. La canción es parte de la banda sonora de la famosa película de 1977 *La fiebre del sábado noche*, con John Travolta. Al oír la canción pensé que la ponían por mí y que era una señal de mis protectores para que fuera a NuevaYork, porque el argumento de la película se desarrolla en NuevaYork. En el Holiday Inn, en Londres–Stratford, la tarde en que llegué se oía *Wonderfull Life* del cantante inglés ColinVearncombe. El estribillo de esa canción dice: «No need to run and hide / It's wonderful, wonderful life / No need to hide and cry / It's wonderful, wonderful life.» Cuando oí esa canción estaba seguro de que mis protectores querían indicarme que en aquel hotel podía sentirme a salvo y seguro.

El curso de los acontecimientos durante ese viaje de dos semanas fue para mí de una vertiginosa rapidez. Apenas me quedaba tiempo para cobrar aliento. Los delirantes sucesos se atropellaban y me empujaban hacia delante. La enfermedad había alcanzado un nivel nuevo: mi paranoia, en continuo avance desde 2007, había acelerado su marcha después del verano de 2010, y en NocheVieja de 2012 emprendió un furioso galope. Con ella había crecido también mi egocentrismo, mi egomanía: en ese viaje vivía en mi propio «cine mental», que apenas tenía ya nada que ver con la realidad. De ello formaba parte también que ese viaje, entre otras cosas, acarreara una factura de la tarjeta de crédito de unos 2 400 euros, de la que, como es natural, se hicieron cargo mis padres. Pero a mí eso no me inquietaba. Al fin y al cabo se trataba de mi supervivencia. ¿Qué importaba entonces que mis padres tuvieran que pagar unos miles de euros? Después de aquella escapada mi Mastercard quedó bloqueada, como era lógico, y mis padres redujeron drásticamente el crédito disponible en mi cuenta corriente. Querían impedir que emprendiera otra desbocada huida de ese calibre. Yo estaba furioso por aquellas medidas sensatas... y veía otra vez en mis padres, cómo no, las dóciles marionetas del profesor Schmidt. De todos modos estaba convencido de que mi blog tenía tal influencia que, después de mi ingreso en el sistema cibernético, mis protectores reembolsarían sin ningún problema a mis padres los gastos que ocasionaban mis viajes.

Se podría pensar que para quien padece de esquizofrenia aguda ese estado es pura y simplemente terrible y nada más que terrible: sobre todo esa sensación constante de estar siendo observado y perseguido. De hecho, en esas dos semanas de mi huida fui presa de temores extremos y de estados de ánimo en constante cambio, y todo el conjunto vino a ser en parte una trepidante película de acción. En una realidad tan masivamente desfigurada ¿no es la vida un infierno?

La esquizofrenia paranoide presenta muchas formas y se expresa de maneras muy diferentes. Cada paranoico tiene contenidos muy propios y muy específicos de su sistema de delirio. Conozco a otros afectados que me han confirmado que para ellos lo vivido ha sido ni más ni menos que espantoso. Yo, sin embargo, soy un ejemplo de que no siempre ha de ser así. El estado de psicosis aguda contenía también, en mi caso, momentos de felicidad.

De mi intensa vivencia referencial surgió un manifiesto delirio de grandeza: en la calle, por dondequiera que iba, la gente parecía conocerme. Y al menos quienes hacían un gesto agradable eran mis protectores. Cada mirada amistosa me subía la moral.

Mi mundo era una especie de lugar encantado. Mi cerebro «abierto» estaba en constante comunicación con la red cibernética, sí, en último término con todas las personas de mi entorno próximo o lejano. Lo que yo pensaba, leía, veía u oía tenía un significado fundamental para la red cibernética. Según mi autopercepción yo era un nudo de enlace extraordinariamente importante en el sistema cibernético global.

El doctor Hilbert, médico jefe del Centro Psiquiátrico de Emmendingen, me dijo en una conversación que lo típico del estado psicótico era que objetivamente el enfermo estaba por lo general muy solo, ya que la mayor parte de sus amigos y conocidos se alejaban de él. Sin embargo, en la imaginación psicótica el enfermo estaba en constante contacto con su entorno, y por tanto nunca se sentía solo sino cobijado en una especie de red.

Tampoco yo, en efecto, me sentí nunca solo durante mis fases psicóticas. Estaba conectado medialmente con el mundo entero. Las emisiones de radio, los programas de televisión, se dirigían a mí; en los periódicos los artículos se referían a mi producción intelectual. Por tanto, yo recibía los «mensajes» típicos.

Con la psicosis se cumplía mi deseo de ser un prestigioso periodista. La ironía era que, en la vida real, esa enfermedad precisamente había impedido que lo fuera. Mi producción delirante era pues, al mismo tiempo, producción cumplidora de deseos, como sucede también con los sueños. Mi delirio de grandeza iba tan lejos que creía en serio que Barack Obama y los servicios secretos de Estados Unidos me defendían contra Merkel, Schäuble y los servicios alemanes. ¡Desde luego eso me producía una maravillosa sensación!

¿Qué ocurría con la persecución imaginaria y con los numerosos atentados que forjaba mi fantasía? Ahí yo realmente sufría ataques de pánico. Pero como siempre sobrevivía a tales ataques, con el tiempo pasó a ser para mí una suerte de deporte el eludir hábilmente esos atentados. Me acostumbré a vivir bajo esa presión, que llegó incluso a causarme cierto agrado. También el hecho de que el delirio aleje por completo de la realidad al enfermo resulta una enorme liberación. En mi imaginación yo disponía de ilimitadas sumas de dinero, ya que mi blog tenía resonancia mundial. Y de todos modos, una vez logrado el ingreso en el sistema cibernético, ocuparía un importante cargo como destacado periodista, ya oficialmente reconocido, y asesor de políticos como Barack Obama.

Pero no era solo el delirio de grandeza lo que me elevaba tanto la moral. En mí se habían intensificado notablemente ciertas experiencias de los sentidos. Había sido músico y seguía amando la música. Pero en la psicosis aguda todo eso era mucho más intenso, como una embriaguez, un éxtasis que subyugaba los sentidos. Eso era aplicable sobre todo al *heavy metal*, cuyos profundos *riffs* de guitarra a menudo me transportaban a otra realidad. Pero también obras clásicas, como la *Fantasía para un caminante* de Schubert, me sumían en un éxtasis, una experiencia desconocida para mí hasta entonces.

Siempre había sentido pasión por la lectura. En mi psicosis devoraba gruesos volúmenes con la sensación de haber comprendido perfectamente cada línea y haber recibido informaciones de suma importancia. Por tanto, el placer de la lectura también era claramente más intenso, tenía más calidad sensual y al mismo tiempo una mayor importancia existencial.

Mi fase aguda estaba además caracterizada por hiperactividad maníaca: no me aburría jamás. Escribía como un poseso un artículo tras otro para el blog, tenía siempre nuevas ideas, nuevos temas: la política en la eurocrisis, el escollo fiscal en Estados Unidos, temas ecológicos, reseñas de documentales filmados o de libros que había visto y leído, etc. Todo lo que hacía o pensaba me parecía digno de entrar en mi blog.

Yo era pues un *man on a mission*. Nunca cuestioné esa misión, nunca dudé de mí mismo. Así que era al mismo tiempo un fanático en la causa cibernética propia, que nunca admitía argumento alguno proveniente del exterior. Cuando personas de mi entorno (por ejemplo, mis padres) ponían en duda mi percepción de las cosas, se convertían para mí en marionetas sistémicas.

Por eso puedo decir, al menos en cuanto a mi caso: hay que imaginarse al psicótico Klaus Gauger feliz, para citar la célebre frase de Albert Camus sobre Sísifo. Porque, evidentemente, todo lo que yo hacía en la psicosis era un delirante, absurdo, quijotesco trabajo de Sísifo. Pese a la irritación y al nerviosismo que caracterizaban mi estado de ánimo, mis años de bloguero mental cibernético, tal como yo los viví, no fueron años malos.

El bajón venía después de la psicosis. Por una parte, tras el éxito del tratamiento, empezaba la depresión posesquizofrénica que, en esencia, es de origen orgánico. A la fase maníaca de la esquizofrenia aguda seguía una fase de agotamiento y apatía. Pero a eso se añade sobre todo que en esa fase, al hacer un análisis retrospectivo, comprendía hasta qué punto yo había dañado, o incluso totalmente arruinado, mi propia vida. Tras haber concluido con éxito la segunda carrera y superado el *Referendariat* había dejado escapar la cátedra de instituto. Había perdido a mi novia, Simone. Y frente a mis amigos y conocidos, debido en gran parte a mi blog, había caído una y otra vez en el más completo ridículo. Una intensa sensación de vergüenza es parte de esa enorme desmoralización. ¿Cómo podía yo, una persona propiamente racional e inteligente, llegar a ese estado de completo delirio y hasta de infantilismo en muchos aspectos? Así se explica que en la psicosis aguda, es decir en las fases graves, a menudo me sintiera satisfecho y hasta feliz, mientras que las fases de salida, propiamente más esperanzadoras, estaban ensombrecidas por depresiones y por el amargo balance de lo que había perdido.

Eso explica quizá también por qué muchos psicóticos no quieren liberarse de su delirio. Porque en la fase aguda, eso es lo característico, no tienen conciencia de estar enfermos. Además, precisamente debido a su grave enfermedad, se encuentran a menudo en un estado de exaltación. Si se considera también que la mayor parte de los psicofármacos tienen efectos secundarios muy perjudiciales, se puede comprender por qué tantos psicóticos en el transcurso de su enfermedad atraviesan fases —que en algunos se convierten en periodos definitivos— en las que se niegan a cooperar y rechazan el tratamiento.

Y también en mi caso pasaría año y medio, tras la brusca aparición de la paranoia galopante en enero de 2013, antes de que un tratamiento por fin tuviera éxito.

A LA DESESPERADA
POR ESTADOS UNIDOS Y CANADÁ

A diferencia de mi primer ingreso en el Centro Psiquiátrico de Emmendingen en noviembre de 2010 por orden de los profesores Schmidt y Fischer, ahora estaba allí por propia voluntad: me había ingresado yo mismo. Jurídicamente era una diferencia importante. La ley prevé que una persona reciba tratamiento forzoso si representa un peligro para ella misma o para otros. En mi primer ingreso se me consideró un caso de peligro para otros. En el segundo yo no había amenazado antes a nadie ni hablado de que tuviera intención de suicidarme. Solo había hecho un viaje totalmente desatinado y me hallaba en un estado mental lamentable. Esta vez había acudido yo mismo al centro psiquiátrico buscando protección de asesinos imaginarios. Pero no porque supiera que estaba enfermo. El doctor Hilbert no tenía esta vez ninguna posibilidad legal de llevar a cabo un tratamiento contra mi voluntad.

Entre noviembre de 2010 y febrero de 2011, el doctor Hilbert me había tratado con Abilify y una pequeña dosis de Seroquel. Cuando llegué ahora a su centro en un estado de paranoia aguda, me vio como un caso de esquizofrenia crónica progresiva. Siempre tuve una buena relación con él, y creo que él también simpatizaba hasta cierto punto conmigo. Pero no tenía ya muchas esperanzas de que yo pudiera liberarme de la enfermedad. Cuando el doctor Hilbert trataba de aumentar la dosis de medicamentos, yo bloqueaba el intento. En definitiva, durante mi segunda estancia en su centro no pasé de los 200 miligramos de Seroquel. Más tarde me explicó que en ese momento no vio posibilidad alguna de obtener apoyo en el asunto de mi tratamiento. Si me hubiera presentado a un juez, habría dado la impresión de persona desequilibrada pero pacífica y el juez no habría podido dar orden de llevar a cabo un tratamiento forzoso. Yo, por mi parte, durante el tiempo que estuve ingresado, no vi por qué tenía que medicarme más.

Seguía siendo pues un caso de paranoia galopante. Los atentados imaginarios continuaron en la clínica: cuando el primer día de mi estancia el médico jefe me entregó la pastilla de Seroquel, yo estaba convencido de que aquello era veneno. Me acostumbré también a caminar por el inmenso jardín de la clínica dando complicados rodeos porque tenía miedo de los francotiradores. Hubo, en efecto, durante mi estancia, una evacuación del edificio de la clínica por amenaza de bomba: yo, evidentemente, supe enseguida que esa amenaza de bomba había sido por orden de mis enemigos, furiosos porque el doctor Hilbert me ofrecía protección en su clínica. Ni que decir tiene que en un artículo de mi blog puse al corriente de todo esto a mis lectores y a mis fans.

Y en cuanto al blog: seguía trabajando en él con verdadera obsesión. En Emmendingen había encontrado un cibercafé, y de nuevo estuve seguro de que mis protectores, los servicios secretos estadounidenses, habían puesto ese café por mi causa.

Desde la clínica contacté con dos terapeutas de Basilea. De nuevo concebí esperanzas de obtener en otra ciudad la clave cibernética de mi problema sistémico. El doctor Egger me dio hora y me fui a Basilea. Cuando durante nuestra conversación expuse mi teoría cibernética y le dije que su sala de consulta estaba abierta y conectada a una red, me contradijo y me aseguró con decisión que la sala estaba perfectamente cerrada y bien protegida. Yo, por supuesto, vi en ello una maniobra engañosa de la psiquiatra jefe de Basilea, que utilizaba en ese momento al doctor Egger como marioneta sistémica. Por tanto, aquello terminó en nada.

Busqué entonces en otras ciudades en las que quizá pudiera obtener el anhelado acceso al sistema cibernético. Me pareció que los institutos y los terapeutas sistémicos ofrecían las mejores perspectivas. La terapia sistémica se había desarrollado desde los años cincuenta en Estados Unidos, en el contexto de la cibernética y la teoría sistémica. También hay institutos y terapeutas sistémicos en Suiza y en Alemania.

Así que envié correos electrónicos a todos los institutos y terapeutas posibles de esa especialidad con consulta en Alemania y Suiza. Recibí así una cita con el doctor Bauer, que tenía su consulta en el Centro de Terapia y Asesoramiento Sistémico de Berna. Me puse, pues, en camino a Berna. Durante una hora discutí animadamente con el doctor Bauer sobre cibernética y teoría sistémica. Al final me comunicó, sin embargo, que en Berna él no podía ayudarme. No me dijo que mis ideas eran delirantes y que yo estaba paranoico. Sin duda quiso evitar una confrontación directa conmigo. Pero con ello me hizo un flaco favor. Porque con aquella agradable conversación me sentí reforzado en mi convicción de que los terapeutas sistémicos entendían mi problema y podrían resolverlo.

En el centro psiquiátrico, los médicos observaban con escepticismo mi búsqueda de ayuda terapéutica. El doctor Hilbert me dijo claramente que él consideraba absurda mi búsqueda de terapeutas en Berna y en Basilea. Pero no pudo convencerme.

Desde junio de 2013 me permitieron pasar los fines de semana en casa, pero en mi paranoia no había cambios. Desconfiaba incluso de mis padres que, al fin y al cabo, no eran también sino marionetas sistémicas. Por la noche, antes de acostarme, recorría toda la casa y controlaba si la puerta de la calle tenía echado el doble cierre y las ventanas y persianas estaban todas bien cerradas.

En uno de esos fines de semana me fui un domingo por la mañana en la Vespa al centro de la ciudad. No había dormido en toda la noche, que había pasado viendo una película tras otra en el ordenador. Me paré en un café con terraza, pedí en el mostrador un café y me quedé en la calle, de pie junto a una mesita. Allí trabé conversación con un latinoamericano que por motivos profesionales iba mucho a España. Discutimos sobre la crisis económica de España y sin duda hablábamos un poco demasiado alto, de manera que en un momento determinado el chico que estaba a nuestro lado protestó. Después de la noche en blanco yo estaba excitadísimo y nervioso, de modo que me sentí importunado por aquel tipo. Discutimos, la discusión subió de tono y al final le dije: «¡Si quieres golpearme, hazlo!».

No tuve que decírselo dos veces: de un cabezazo me tumbó en el suelo y se lanzó sobre mí. Yo me defendí y traté de quitármelo de encima, pero él me dio dos puñetazos en el ojo izquierdo. Luego se apartó de mí. Yo tuve un *shock*, me monté en la Vespa y me marché a casa. Otros clientes del café que habían presenciado la pelea llamaron a la policía. Cuando mi padre estaba a punto de llevarme a urgencias, aparecieron los policías ante la puerta de nuestra casa. Hicieron una foto de mi ojo gravemente lesionado. Yo denuncié a mi adversario. Finalmente, una ambulancia que también llegó poco después me condujo a la clínica, donde me suturaron la ceja y comprobaron por rayos X que la cuenca del ojo estaba fracturada.

Posteriormente se supo que aquel hombre practicaba artes marciales mixtas, una variante deportiva de singular brutalidad. A mi denuncia reaccionó denunciándome a su vez por injurias. Afirmaba que yo le había provocado con vulgares insultos. Era pura invención, pero como durante los días siguientes no se presentó ningún testigo para declarar ante la policía, todo quedó en nada. El fiscal competente contrapesó finalmente sus puñetazos con mis supuestas injurias y canceló el procedimiento. Después de eso ya solo habría podido presentar una demanda civil contra aquel hombre. Pero yo vivía en una clínica psiquiátrica; la cabeza, sin embargo, me funcionaba lo bastante bien para ver que tenía poquísimas posibilidades de ganar un pleito.

Las personas que padecen una psicosis y que por eso son irritables, están nerviosas o confusas pueden también, entre otras cosas, ser fácilmente víctimas de actos de violencia. Mi experiencia lo muestra con claridad. Mi adversario me vio seguramente como un imbécil que buscaba pelea. Quizá se enterase después de que era un paciente psiquiátrico y tal vez hasta lamentara el asunto. Pero su abogado le aconsejaría sin duda que pusiera a su vez una denuncia. Eso significaba que yo ya había perdido, porque con mi diagnóstico no habría merecido crédito ante el juez.

Finalmente, en julio de 2013 me dieron de alta en el Centro Psiquiátrico de Emmendingen. Por segunda vez, sin estar curado de la enfermedad. Y continuaba la búsqueda de ciudades en las que se me permitiera la entrada en el sistema cibernético. Seguía enviando correos a institutos y terapeutas sistémicos. En el verano estuve dos veces en el Instituto Gregory Bateson de Lausana. Con el terapeuta, monsieur Mercier, conversé en inglés. Y una vez más, todo se desarrolló como en Berna: hablé como un profesional con el terapeuta sobre cibernética y teoría sistémica. Al final me dijo que para mí no había posibilidad de acceder al sistema cibernético de Lausana. Lausana no era —añadió— una ciudad muy abierta, y además allí había que hablar francés. Por lo demás, monsieur Mercier fue amabilísimo y muy comprensivo. Con él me sentí en muy buenas manos. Pero tampoco me hizo un favor al darme la engañosa sensación de estar en el buen camino. A principios del otoño estuve en Mannheim con un terapeuta sistémico que también fue muy amable: y que tampoco quiso pronunciar palabras como paranoia, esquizofrenia y delirio.

Cuando finalmente, en octubre de 2013, hacía una transferencia en una filial de la Caja de Ahorros, el joven empleado que me atendía me indicó que me quedaban aún 1400 euros en una cartilla. Yo no tenía ni idea de aquello y me alegré muchísimo. Mis protectores, los servicios secretos de Estados Unidos, habían dejado allí ese dinero para mí. Hoy sé, por supuesto, que había abierto esa libreta de ahorros a principios del siglo, cuando percibía honorarios no tan exiguos escribiendo artículos radiofónicos sobre literatura española. Y había ido sacando dinero de allí salvo esos 1400 euros, que acabé olvidando. Pero ahora, en el otoño de 2013, se me presentaba por fin la oportunidad de huir de mi supuesta cárcel cibernética a San Francisco.

Esta vez no iba a ser una fuga alocada. Me propuse preparar bien ese viaje al Área de la Bahía de San Francisco. Para poder moverme con facilidad durante el viaje, me equipé igual que para el camino de Santiago. Todas las cosas necesarias iban en una mochila y en un bolso colgado en bandolera. Llevaba ropa interior sintética, que se lavaba y secaba con facilidad, un forro polar para el frío, botas de senderismo, una cazadora militar ligera y robustos pantalones militares. Metí bien protegidos en un monedero colgado del cuello el pasaporte, las tarjetas bancarias y la tarjeta de crédito. Llevaba también navaja, abrelatas, avíos de costura y una linterna frontal. En un librito había consignado en clave todos los códigos y números PIN necesarios. Me informé a fondo en internet sobre el Área de la Bahía de San Francisco y lo reuní todo en una carpeta. Me imprimí el plano del Mental Research Institute de Palo Alto y los correspondientes planos de los sistemas de comunicación interior urbanos. Todo eso lo guardé además en un *pendrive*. Imprimí también una lista de los libros de mi biblioteca cibernética personal. Quería enseñársela a los terapeutas del Mental Research Institut, para cualificarme así en el tema de la cibernética.

Como mi Mastercard seguía bloqueada, necesitaba otra con la que pudiera reservar un vuelo en internet. Me procuré una cuenta corriente online de Wüstenrot, que no costaba nada y que ofrecían junto con una tarjeta Visa de prepago. También saqué una tarjeta de ahorro de la Banca Postal, que era gratis y con la que también se podía sacar dinero de cajeros automáticos en Estados Unidos.

Todos estos preparativos los hice a espaldas de mis padres. Por último, a primeros de noviembre de 2013 compré por internet un billete de avión de París a San Francisco. No me fiaba de mis enemigos alemanes y por eso quería volar desde Francia. El vuelo de ida era el 19 de noviembre. El vuelo de vuelta lo reservé para el 30 de noviembre. El billete me costó 650 euros. Esperaba que, gastando poco, con los 750 restantes podría vivir unos diez días en San Francisco. A mis padres les conté que iba a Frankfurt a ver a un amigo. Solo le había dicho la verdad a mi hermano.

El 18 de noviembre a primera hora de la tarde tomé el tren para Estrasburgo. Desde allí viajé en el tren TGV a París. Pasé la noche sentado en una butaca en el aeropuerto de París-Charles de Gaulle. El vuelo de United Airlines despegó hacia las nueve de la mañana y duró doce horas. Durante el vuelo leí *The Dharma Bums* de Jack Kerouac, de 1958. Siempre había sido un fan de la Generación Beat y en especial de Jack Kerouac. Es sabido que San Francisco fue uno de los centros de la Generación Beat. Allí, en 1955 se había llevado a cabo el Six Gallery Reading, la primera lectura pública oficial de poemas de autores de esa generación. Allí recitó por primera vez Allen Ginsberg en público su poema *Howl*. Sobre esa lectura de la Six Gallery también informa Kerouac en *The Dharma Bums*.

Nada más llegar a San Francisco me dirigí al centro urbano para inspeccionar la situación. Era a primera hora de la tarde. Nunca había estado allí, y San Francisco tenía para mí un encanto casi místico: era mi personalísima tierra prometida. Antes de mi viaje había escuchado repetidas veces el himno hippie de Scott McKenzie «San Francisco (Be Sure to Wear Flowers in Your Hair)». Pero en aquellos momentos Downtown San Francisco provocaba en mí el mismo efecto que cualquier gran urbe estadounidense. En el McDonald's en el que comí, una mujer afroamericana me pidió limosna y le di un dólar. Allí también había gente empobrecida y desesperada.

Desilusionado empecé a reflexionar sobre dónde pasar la noche. Encontré una oficina de información turística en la que me dieron el nombre de un hotel. Era un edificio antiguo, pero con encanto, y en el vestíbulo se oía una canción de Iron Maiden. Conversé animadamente sobre *heavy metal* con el hombre de la recepción, que llevaba un chaleco vaquero y estaba tatuado.

A la mañana siguiente pagué la habitación y me puse en camino hacia el Mental Research Institute de Palo Alto, a unos 50 kilómetros al sur de San Franisco. Viajé en un tren de cercanías y después en autobús. Cuando por fin me hallé delante del edificio sufrí cierto desengaño: siempre me había imaginado ese instituto como algo majestuoso. Pero se trataba de un discreto inmueble de dos plantas y tejado plano, a modo de *bungalow*.

Fui al patio interior de aquel edificio rectangular y me senté en un banco. Allí «conté» mi historia a través de mi cerebro «abierto». De ese modo quería preparar para mi caso a los terapeutas del MRI. Pasada aproximadamente media hora, un grupo de gente salió de una sala de reuniones. Una mujer del grupo, de unos 50 años, se dirigió a la secretaría que antes aún estaba cerrada. Me dirigí a ella:

—Perdone, me gustaría hablar con algún terapeuta.
—Puede hacer conmigo una sesión de terapia —contestó—. ¿Tendría usted tiempo dentro de dos horas?
—Dentro de dos horas volveré a estar aquí —dije.

Durante el tiempo de espera me fui a un restaurante griego, tomé un plato de gyros y aproveché de nuevo mi técnica de «transmisión del pensamiento», para facilitar detalles de mi caso a los habitantes de Palo Alto. De regreso al MRI, la mujer, que se llamaba Lea Solomon, me condujo a una sala de terapia. Tomamos asiento: «¿Cuál es el motivo de su visita?», preguntó.

Como de costumbre describí mi caso en relación con la cibernética y la teoría sistémica y empecé a explicar el asunto desde sus orígenes, desde principios de los años noventa. Al cabo de unos diez minutos, la terapeuta me interrumpió:

—Sí, pero ¿qué le ha hecho venir hasta aquí, hasta Estados Unidos?

—Creo que Palo Alto y el mundialmente famoso MRI son el lugar más adecuado para resolver mi problema sistémico.

—Pero esto es Estados Unidos. No puede quedarse aquí. ¿No tiene una familia que lo eche de menos?

La señora Solomon había notado ya seguramente que mi historia era paranoide de pies a cabeza. Sin embargo, se abstenía de emitir un juicio. Me dejó que siguiera hablando de mi caso durante el resto de la hora. También quise entregarle el registro de mi biblioteca de cibernética. Pero ella declinó dándome las gracias y solo dijo:

—Ahora por desgracia no tengo tiempo de leer ese documento.

—¿Cuánto cuesta la sesión? —pregunté finalmente.

—No quiero sobrecargarle económicamente. Deme 80 dólares. Eso basta.

Hoy sigo asombrándome de la seguridad con la que me metí en esa terapia y presenté mi embrollada teoría cibernética a la señora Solomon. Al principio de la consulta, ella me había advertido que estaba autorizada a dirigirse a la clínica psiquiátrica de allí, caso de que viese en mí signos que indicasen peligro propio o ajeno. Probablemente ya vislumbraba que aquel extraño viajero alemán con mochila iba a presentarle una historia delirante. Pero no por eso dejé de decirle en la cara que Angela Merkel quería matarme. Me dio, eso sí, otra cita para dos días después.

Cuando regresé a San Francisco era ya de noche. Le pregunté a una cajera de una estación de metro en Downtown San

Francisco si había por allí cerca algún hotel barato, «en Chinatown hay hoteles a buen precio», respondió.

Me puse en camino y llegué tras una marcha a pie de media hora. Encontré allí un hotel de mala muerte en el que la noche costaba 70 dólares. Ese precio era acorde con mi presupuesto, y decidí quedarme en aquel apeadero de habitaciones mugrientas.

A la mañana siguiente comprobé con sorpresa que mi hotel estaba muy cerca del City Lights Bookstore, la legendaria editorial y librería de la Generación Beat. Pasé toda la mañana rebuscando en aquella tienda. Cerca del City Lights Bookstore encontré después también el Beat Museum, con muchas ediciones originales y fotos de los autores Beat. Allí hay también un Hudson 1949 original, aquel impresionante automóvil que desempeña un papel sobresaliente en la novela de Kerouac *En el camino*, de 1957.

La señora Solomon dio comienzo a la segunda sesión diciéndome que no me costaría nada. Luego se expresó con claridad en lo relativo a mi enfermedad:

—He impreso algún material de internet sobre el tema esquizofrenia paranoide. ¿Lo querría?

—En internet encuentra uno toda clase de informaciones —eludí el tema—. También mucha información sobre cibernética y teoría sistémica.

La señora Solomon sonrió cuando le di esa respuesta. Al final de la sesión dijo: «¿Querría hablar con otros terapeutas? Si tiene interés en ello yo podría ayudarle». Estaba obsesionado con la meta que me había fijado, entrar en el sistema cibernético, y supe que en el MRI no iba a conseguir nada. «No, muchas gracias, no es necesario», respondí. La terapeuta me recomendó hacer una visita a la Universidad de Stanford, que estaba muy cerca, y luego se despidió de mí.

Realmente aquella terapeuta se ocupó de mí con competencia, y de modo sensible y bondadoso. Sin duda alguna captó lo dramático de mi caso, de un esquizofrénico alemán que había volado a San Francisco debido a una fantasía paranoica. Pero no pudo ayudarme: yo estaba demasiado inmerso en mi delirio.

Pasé los días siguientes sobre todo en la Universidad de Stanford. Estaba seguro de que los profesores de las instituciones de élite estadounidenses me apoyarían. Me inscribí en la biblioteca central de Stanford y dije que era un universitario alemán. Así obtuve un pase para visitantes, allí pude revisar mi correo electrónico y hasta pasé una noche entera en una de las salas de trabajo, abiertas 24 horas. Aquella noche mi cerebro «abierto» fue explorado y medido con una máquina especial: un test para probar si estaba o no paranoico. El test evidenciaría sin duda mi salud mental. Por la noche, un empleado del servicio de vigilancia me advirtió que allí no podía dormir. Sin duda alguna quería indicarme que para ese test había que estar despierto.

Los días de San Francisco fueron muy gratificantes. En Chinatown había tiendas mexicanas de comida rápida y pizzerías italianas en las que se podía comer bien y barato. Llevaba la ropa a una lavandería cercana. Por la noche iba a menudo a los locales en los que había música en vivo: blues, jazz o rock'n'roll. Con una Coca Cola o una cerveza pasaba allí toda la velada. Pero en medio de todo eso veía con claridad que no había ido a San Francisco para hacer turismo. Todo el objetivo del viaje consistía en resolver mi problema sistémico en el MRI de Palo Alto. Y ahí había fracasado. Yo necesitaba una explicación y fui a dar con la de costumbre: el médico jefe de Palo Alto me había declarado el boicot. Y la señora Solomon había sido, como de costumbre, una marioneta sistémica.

Pero el Área de la Bahía de San Francisco se dividía en varios sistemas parciales autónomos. Consideré dónde podría tener más éxito. Terminé decidiéndome por Sausalito, un pequeño lugar costero, situado a unos 15 kilómetros al norte de San Francisco.

Indagué en internet y encontré por fin un terapeuta cuyo perfil me convenció. Apunté su dirección y tomé el ferri de la Bahía de San Francisco. Pero en Sausalito no encontré en la dirección apuntada ninguna referencia a una consulta psicoterapéutica. En el edificio había entre otras cosas un gimnasio, pero allí no sabían nada de terapeutas. Regresé a San Francisco sin haber logrado mi propósito.

Así transcurrían los días de San Francisco y mis reservas de dinero empezaban a agotarse. Lo que no entraba en consideración era volver a casa. Todo era mejor que retornar a la cárcel cibernética. En lugar de ello reflexionaba febrilmente en qué otro lugar de Estados Unidos podría lograr la entrada en el sistema cibernético. Me decidí finalmente por Washington. Porque allí me ayudaría Barack Obama. Mi dinero, sin embargo, no me bastaba ni para la estancia en la capital ni para una sesión terapáutica allí. Y pronto tendría que confesar a mis padres que no me encontraba en Frankfurt. Hasta entonces les había dado largas con correos electrónicos. Pero tan pronto me faltara el dinero tendría que decirles la verdad. No sabía que mi hermano ya los había informado de todo antes de mi partida, pero ellos no habían visto ninguna posibilidad de retenerme.

Mis padres y mi hermano esperaban que desde San Francisco volvería a Alemania. Pero eso es justo lo que no hice: el 28 de noviembre por la tarde me compré en una estación de autobuses Greyhound* de San Francisco un billete para Washington, D.C. Como el viaje, que duraba tres días, no empezaba hasta la mañana siguiente, pasé la noche en la estación de autobuses. Era ahora un paranoico Sal Paradise *on the road* en busca del Grial cibernético. El 2 de diciembre por la mañana llegué a la capital, medio trastornado por las malas noches. No es fácil dormir en un Greyhound en movimiento.

El frío de Washington me pilló por sorpresa. Mi ropa estaba pensada para California. La ligera cazadora no podía enfrentarse al viento frío que en diciembre azota las calles de Washington.

* Linea de autobuses interurbanos con más de 3700 destinos en Estados Unidos. Su emblema es un galgo inglés *(greyhound)*. *(N. de la T.)*

Además no tenía ningún plan para Washington ni la dirección de ningún terapeuta. Un chico al que hablé en la calle me recomendó un hotel barato del centro de la ciudad. En total me quedé tres días en Washington. La mayor parte del tiempo lo pasé en la impresionante Biblioteca Martin Luther King Jr. Memorial, que dispone de una gran cantidad de libros y material sobre la historia de los afroamericanos. Es un majestuoso edificio moderno, diseñado en 1972 por Ludwig Mies van der Rohe y levantado como una construcción perfectamente rectangular en acero, vidrio y ladrillo. Era exactamente el lugar adecuado para esperar una señal de Obama. Leí varios libros y revistas interesantes y pude utilizar los ordenadores de la biblioteca. Pero la señal cibernética que esperaba no llegó. Nadie habló conmigo, nadie me dio una indicación sobre cómo resolver mi problema sistémico.

Finalmente me compré un móvil de prepago para que mi hermano pudiera llamarme. Cuando se enteró de que estaba en Washington, se puso furioso. No obstante, al final de la conversación me prometió que me enviaría dinero: dinero que provenía, en último término, de mis padres, que habían transferido varios miles de euros a mi hermano.

De nuevo con dinero pude dar la espalda a Washington. Finalmente tomé el autobús a Nueva York. «If I can make it there, I'll make it anywhere» pensé, un verso de la canción principal de la banda sonora de la película *New York, New York* de Martin Scorsese. Me propuse trasladar a Nueva York mi tema cibernético: ¡y triunfar allí! Partí por la mañana del 6 de diciembre de 2013 y llegué al mediodía.

Que en Nueva York soplan vientos más inclementes que en San Francisco me resultó evidente enseguida. Cuando iba de la estación del Greyhound a la del metro, un hombre afroamericano harapiento me pidió limosna. Le di dos dólares.

—¿Por qué has hecho eso? —preguntó de pronto un joven blanco de buena presencia que había observado la escena.

—Ese pobre hombre vive seguro en un infierno. Para mí no es ningún problema ayudarle con unas monedas.

—Vive en su propio infierno y tiene la culpa de su propio destino —me respondió.

Me fui a Harlem, porque quería buscar alojamiento en ese barrio, en el que viven sobre todo afroamericanos. Al fin y al cabo yo era un protegido de Barack Obama. Por otra parte, mi alojamiento debía ser seguro, porque los médicos jefes psiquiatras trabajaban contra mí. Eso ya lo había notado durante mi breve estancia en Nueva York en enero de 2013. Pero tenía poco dinero. Así encontré albergue en el YMCA* de Harlem, un edificio funcional antiguo y no muy confortable. La habitación costaba 80 dólares la noche. Pero al menos había servicio de seguridad.

Si quería hacer valer en Nueva York mi influencia sistémica, durante mi estancia tenía que publicar en el blog artículos en inglés. Por lo general había ya entonces wifi en todos los hoteles y cafés. Pero yo no había llevado ningún ordenador portátil a Estados Unidos. Y allí hay pocos —y casi siempre muy caros— cafés con internet y ordenadores fijos. La solución eran las bibliotecas públicas de la ciudad. En ellas podía utilizar gratis durante una hora un puesto de trabajo con ordenador y acceso a internet. Eso no bastaba, claro, para artículos largos del blog. Pero si antes escribía un borrador podía ahorrar tiempo. Trabajaba sobre todo en la Biblioteca Pública de Harlem y en la Biblioteca Mid-Manhattan, que también abría los domingos. A veces iba también a un cibercafé que había descubierto en Manhattan y que por suerte no era tan desvergonzadamente caro. Había ido también a Nueva York por el alcalde recién elegido, Bill de Blasio. De Blasio me apoyaría en mi problema cibernético. Escribí varios artículos elogiosos sobre él y los publiqué en mi blog.

* Cadena de hostales dirigida por la Young Men's Christian Association, asociación cristiana interconfesional. (N. de la T.)

A pesar de mis esfuerzos intelectuales la señal cibernética brilló por su ausencia. Ningún protector me dirigió la palabra, en ninguna parte pareció abrirse una puerta.

También quedó en nada una rápida visita a la Universidad de Princeton, en Nueva Jersey. Allí eché una ojeada al campus y me quedé algún tiempo en varias salas de estar en las que también podía usar los ordenadores. Finalmente cené en uno de los comedores para estudiantes de la universidad. Como los profesores de la universidad estaban de mi parte, dejé también sobre algunas mesas la lista detallada y firmada de mi biblioteca cibernética. Pero lo único que conseguí fue llamar la atención de la policía del campus. Con mi mochila y mi bolsa en bandolera no tenía seguramente el aspecto de un estudiante de élite estadounidense, sino más bien de un vagabundo de mediana edad. Sin duda también me comportaba de un modo extraño, porque el policía que quería ver mi documento de identidad me dijo: «Parece estar estresado». Sin embargo me dejó seguir en el campus. Después de Princeton probé en la Universidad de Columbia en Manhattan. Pero allí solo llegué hasta una antesala de la biblioteca, donde no había más que un ordenador lento y obsoleto.

Esperando encontrar ayuda cibernética, mis visitas a las universidades estadounidenses tenían también motivos sentimentales. Porque había estudiado en Amherst en 1990/1991 y debido a mi inestabilidad psíquica no había terminado el curso. Después me ponía siempre nostálgico cuando pensaba en aquella oportunidad perdida. Por eso, en particular las universidades de élite de Estados Unidos también han sido para mí lugares del deseo.

Como en Nueva York no avanzaba, el 11 de diciembre escapé a Toronto. Otra vez tomé el autobús Greyhound, que salía por la noche y llegaba a Toronto por la mañana temprano. Ya en Canadá me metí enseguida en un café cercano a la estación de autobuses… y puse al corriente de mi caso, por transmisión del pensamiento, a los habitantes de la ciudad. Luego me fui al cercano

City Hall, donde pude utilizar un ordenador y en la taquilla de información me dieron un plano de la ciudad y más información sobre Toronto. Encontré en el centro un albergue medianamente barato en el que pasé dos noches. Pero en Toronto, donde había nevado, hacía muchísimo frío, mucho más que en Nueva York. Me compré dos sudaderas que llevé debajo del polar.

De nuevo me dirigí a la universidad y recorrí el campus St. George de la Universidad de Toronto, una de las mejores del mundo. También allí pasé el tiempo en una biblioteca pública en la que podía utilizar gratis un ordenador. Desde allí envié correos electrónicos a diversos miembros de la Facultad de Psicología de la Universidad de Toronto pidiéndoles consejo en cuanto a terapias sistémicas en el Canadá de habla inglesa. Mencioné también mis problemas sistémicos que no había podido resolver en mi país de origen. No obtuve respuesta: sin duda tuvieron claro desde el primer momento que yo estaba bastante perturbado.

Finalmente encontré un cibercafé y sobre todo un Burger King que estaba abierto toda la noche; era una buena alternativa al albergue. Por lo general, llevaba conmigo todas mis cosas y tampoco pagaba por adelantado ninguna noche de hotel. En Nueva York ya había pasado varias noches en un McDonald's de Times Square conservando así en lo posible mis escasas reservas.

No en todos los restaurantes de comida rápida de Estados Unidos y Canadá que abren toda la noche está permitido pasar la noche entera. A menudo hay allí carteles donde se lee «No loitering here!» («Vagabundos, no»). Sin embargo, algunos directores de filiales lo permitían. Yo aprovechaba esas posibilidades para ahorrar dinero, es decir, combinaba noches en hoteles baratos, en albergues o en YMCA con noches que pasaba en esos restaurantes de comida rápida. Mi madre disponía en Alemania de una tarjeta bancaria que permitía sacar extractos actuales de mi cuenta corriente. Mis padres me enviaban una y otra vez dinero, pero a veces llegaba con retraso ya que siempre se enteraban con retraso de cuánto dinero había gastado yo. Así, a veces, cuando caía la tarde, ya no tenía dinero en la cuenta corriente. En esas situaciones también era la salvación un restaurante de comida rápida.

¿Por qué mis padres no dejaron simplemente de enviar dinero para poner fin a mi viaje? No querían ni que me quedara sin dinero en el frío invierno de la costa este norteamericana, ni que me detuviera la policía en Estados Unidos y me ingresara en un psiquiátrico. No sabían si mi seguro privado pagaría el tratamiento de mi enfermedad en Estados Unidos, sin duda carísimo. También sería un problema el traslado a Alemania: en mi estado psicótico, la autoridad competente no me habría permitido abordar un avión a Europa. Por eso a mis padres no les quedaba más remedio que enviarme dinero continuamente, con la esperanza de que al cabo de algún tiempo yo viera lo absurdo de mi propósito y regresara por voluntad propia.

En Toronto comprendí a los pocos días que allí tampoco se me abriría ninguna puerta cibernética. Estaba en contacto por correo electrónico con mi hermano, que intentaba, evidentemente, hacerme volver a Europa. Como yo, entretanto, estaba desmoralizado, acabé accediendo. Entonces mi hermano me compró un billete con Icelandair, que el 17 de diciembre por la noche saldría del aeropuerto neoyorkino de Newark rumbo a París haciendo escala en Reikiavik.

Así pues, tenía que volver a Nueva York. El 16 de diciembre por la noche abordé un autobús de Greyhound y al día siguiente por la tarde me dirigí en un tren regional al aeropuerto de Newark. Fui a la taquilla de Icelandair, para recoger el billete y la tarjeta de embarque: pero a mi nombre no había ninguna reserva.

LA VUELTA AL MUNDO
EN CIEN DÍAS

Y eso me hizo concebir una sospecha paranoide: mis amigos del servicio secreto estadounidense habían impedido que mi hermano hiciera la reserva porque el retorno a Alemania entrañaba demasiado peligro para mí. Así que en la mañana del 18 de diciembre me propuse resistir el mayor tiempo posible en Nueva York y esperar a que se me permitiera la entrada en el sistema cibernético. Posteriormente me enteré de que mi hermano había gestionado y pagado correctamente la reserva pero que la agencia de viajes había traspapelado los documentos necesarios y por eso quedó anulado el billete y devolvieron el dinero. Mi hermano estaba frenético y quiso sacarme otro billete para el día siguiente. Llamó a mi madre, que estaba en su apartamento de Madrid y que al enterarse tuvo una crisis nerviosa. Ella vio al momento con claridad lo que eso significaba: me quedaría mucho más tiempo en Estados Unidos con todos los riesgos que eso suponía.

Por mi parte, debido a mi extremado y delirante egocentrismo, nunca tuve presente la carga que era para mis padres. Sobre todo mi madre, que entre 2010 y 2014 cayó más y más en la depresión y trataba de distraerse viajando con frecuencia. Buscó también ayuda terapéutica, pero la médica de la clínica psiquiátrica de la Universidad de Friburgo, con la que tuvo varias entrevistas, también le daba pocas esperanzas: estaba convencida de que yo era un caso de esquizofrenia paranoide de la que apenas se esperaba mejora a largo plazo. Así mi madre cayó más y más en la depresión.

Mi padre tampoco estaba realmente bien en aquel tiempo. Pero él tiene un carácter más estoico. Hoy, evidentemente, me da muchísima pena cuando pienso en lo que mis padres han tenido que soportar por causa mía. Pero también sé perfectamente que mi egocentrismo de entonces no era sino un síntoma más de la enfermedad. También me daba igual que mi novia, Simone, ya no diera señales de vida. Solo contaban mis objetivos paranoicos.

Para al menos comunicarme con más facilidad en Nueva York con mis padres y mi hermano, me compré una tablet barata por la que pagué 80 dólares. Pero tampoco pensé al hacerlo en mis padres. El cuadro completo de la esquizofrenia paranoide contiene siempre un marcado egocentrismo. Por tanto, no pensé tampoco en los elevados gastos que yo causaba. Pensaba de todos modos que los servicios secretos de Estados Unidos resarcirían a mis padres de todos los gastos.

Mis padres, por lo general, solo podían comprobar dónde me encontraba consultando los extractos de mi cuenta corriente y preguntando en la Caja de Ahorros. Tampoco mi hermano logró realmente una proximidad mayor. Yo instrumentalizaba incluso las relaciones con mis familiares más próximos para subordinarlas a aquella meta delirante: encontrar un lugar donde resolver mi problema sistémico.

Un amigo de la universidad que vive en Praga me invitó a su casa. Me ofreció incluso uno de sus pisos para que me quedara allí cuanto quisiera. Por mis correos electrónicos y por mis artículos del blog había comprendido que estaba muy mal. Hoy sé que acordó eso con mi hermano. Mi amigo también trató de dirigirme hacia Europa porque sabía cuán peligrosa era mi situación. Me ofreció contactarme en Praga con un terapeuta que él conocía. Mi paranoia triunfó de nuevo. Rechacé su oferta amablemente, pero con firmeza. Estaba convencido de que Praga también habría sido para mí un callejón sin salida o incluso una trampa.

De vuelta en Harlem me acomodé otra vez más o menos a la situación. Me alojé de nuevo en el YMCA e iba regularmente al café Astor Row, en la Lennox Avenue, donde servían un café excelente. Para ahorrar, compraba muchas veces algo de cena en las tiendecitas de Harlem, solía ser carne de ternera enlatada y unos panecillos. Cerca del YMCA había una lavandería y una tienda latinoamericana en la que por menos de diez dólares también me daban un menú con bebida. La comida era buena allí, había arroz con alubias y carne y otros platos generosos. Los dueños eran amables hispanoamericanos con los que charlaba en español, cosa que los alegraba mucho.

Los domingos iba a veces a los servicios religiosos de las numerosas iglesias baptistas y metodistas de Harlem. Me asombraba el talento retórico de los predicadores. Había además el coro de gospel, acompañado casi siempre por órgano, batería, contrabajo y a veces también guitarra. Yo no tenía delirio religioso, pero durante mi búsqueda cibernética en Estados Unidos me hallaba en una especie de estado entusiástico espiritual. Me gustaba sobre todo la parte musical de los servicios religiosos: al fin y al cabo yo también había sido músico de jazz.

El YMCA de Harlem estaba totalmente ocupado, con reserva previa, entre Navidad y Año Nuevo, de forma que durante esos días me alojé en el Vanderbilt YMCA de Manhattan, más cómodo aunque bastante más caro. Durante mi estancia en Nueva York me compré también una costosa cazadora de invierno de la marca The North Face y estaba seguro de que yo era importantísimo como soporte publicitario para esa marca, que era uno de mis patrocinadores.

Uno de mis ejercicios diarios era leer la prensa neoyorquina, en especial el *New York Times*. Como mi cerebro estaba abierto, todo el sistema urbano de Nueva York podía estar al tanto de mi actividad intelectual. Así, mi jornada neoyorquina empezaba con la compra de ese periódico, que leía a continuación en algún café. A veces me compraba también el *Wall Street Journal*. Proveía a esos periódicos de mis comentarios manuscritos y por lo general los dejaba allí, firmemente convencido de que eran valiosísimos y de que mis protectores no solo los iban reuniendo sino que podían venderlos a un precio elevado. Para demostrar mi capacidad intelectual, compré tres libros de ensayo y se los leía al sistema cibernético de Nueva York. El tema de esos libros giraba en torno a la desigualdad económica en la sociedad, las consecuencias de la política neoliberal de ahorro para los sistemas sanitarios de los países afectados y la lucha global por los escasos recursos en materias primas. Creía que con mi lectura llevaba a cabo una importante contribución al debate intelectual en Nueva York. Finalmente envié por correo esos libros —firmados y comentados por mí— a Arthur Ochs Sulzberger Jr., el editor del *New York Times*. Quería que esos valiosos ejemplares cayeran en manos que los merecieran.

A partir de ese momento mi viaje me parece, visto en retrospectiva, totalmente enigmático. Tendría que haber comprendido hacía tiempo que nunca entraría en el sistema cibernético. Las terapias sistémicas en Berna, Lausana y Mannheim fueron un fracaso. Había hablado con una especialista en Palo Alto. En Washington no había llegado ninguna señal cibernética, tampoco en Toronto. Y era en verdad imposible que mi fracaso en Estados Unidos y en Canadá estuviera relacionado con el profesor Schmidt y con Angela Merkel.

Mi delirio tenía una estructura repetitiva. Era como si el disco estuviera rayado y la aguja saltara cada vez hacia atrás. En todos los lugares a los que llegaba comprobaba que no había ninguna puerta de entrada al sistema cibernético. Hasta ahí podía analizar mi situación. Pero sacar de eso la conclusión de que mi teoría era equivocada y de que no había tal sistema cibernético: eso era por completo imposible para mí. Tras cada fracaso me decía a mí mismo: «Ajá, así que aquí tampoco. Entonces tengo que intentarlo en otra parte». Y eso era justo lo absolutamente típico: las convicciones delirantes que tenía en mi interior eran incontrovertibles. El sistema cibernético tenía que existir porque yo lo sentía y lo veía por todas partes. Al mismo tiempo, mi estado se caracterizaba por la monomanía. Todas mis actividades tenían un único objetivo: conseguir el anhelado ingreso en el sistema. A eso se debía que nunca me moviera por Nueva York como turista. Nunca fui al Central Park, tampoco al MoMA, nunca subí al Empire State, jamás fui a ver la Estatua de la Libertad. Para mí Nueva York era solo un punto estratégico en el sistema cibernético global, y yo era como Neo, el protagonista de *The Matrix*, que se movía en una especie de realidad virtual, y esta reaccionaba a lo que él hacía o pensaba.

Es lógico pues que mis contactos humanos fueran también superficiales. En Nueva York, la camarera del Astor Row cambió unas palabras amables conmigo. En el YMCA de Harlem conocí un poco más a uno de los que se alojaban allí, charlé quizás unas palabras con él sobre la finalidad de su viaje y sobre su país de origen. Pero más no hubo, para eso yo estaba demasiado ocupado con mi objetivo principal. Si no encontraba la puerta del sistema (y siempre era así), el lugar y las personas que allí vivían perdían al punto su valor.

La estructura básica era siempre la misma: tras una breve fase de habituación a un lugar nuevo, aumentaban mis temores paranoides. Percibía diversas situaciones de persecución o diversos ataques a mi persona. En el transcurso del viaje los cambios de lugar se volvían cada vez más apresurados, mi situación más desesperada. De modo que terminé cambiando atropelladamente de lugar y recorriendo así el mundo en todas direcciones. Si hubiese planeado ese viaje con anticipación y lo hubiese llevado a cabo como una especie de vacaciones geográficas culturales, habría disfrutado mucho y sacado un gran provecho de él. Pero en el estado en el que me encontraba, aquel viaje alrededor del mundo no fue en realidad sino un viaje a mi paranoico mundo interior.

Y además era cada vez más arriesgado. Me desentendía más y más de peligros evidentes. Antes de mi partida no adquirí, por supuesto, ningún seguro de viaje. En Nueva York tuve en una ocasión un enorme ataque de colitis. Por suerte llevaba Imodium en mi botiquín. Sin embargo, en caso de enfermedad grave, habría estado sin recurso alguno en un país en el que los servicios médicos son muy costosos. Harlem también era en aquel entonces un barrio peligroso. Una noche, el bar al que yo había ido muchas veces estaba cerrado: me dijeron que poco antes un hombre había muerto allí en un tiroteo.

Si no lograba entrar en el sistema cibernético, a pesar de todos mis esfuerzos, el culpable era naturalmente, una vez más, el jefe de los psiquiatras de Nueva York. Investigando en la red, di con un profesor llamado Jeffrey Lieberman. Enseñaba en la Universidad de Columbia en Nueva York y era el director del Columbia University Medical Center. Entre mayo de 2013 y mayo de 2014 era además presidente de la Asociación Americana de Psiquiatría, la más importante asociación de psiquiatras de Estados Unidos. ¡Jeffrey Lieberman era el principal culpable! Escribí un malicioso artículo en el que destacaba sobre todo sus vínculos con la industria farmacéutica. Recurrí para ello al artículo de Wikipedia en inglés que contenía un largo párrafo sobre los numerosos contactos de Lieberman con esa industria.

En la estación de metro de Columbus Circle me llamó la atención un hombre blanco de unos treinta años, con un rostro agresivo de cascanueces, que se había acercado a mí de un modo sospechoso. Lo consideré un asesino a sueldo que iba a por mí siguiendo órdenes de los directores de clínicas psiquiátricas de Nueva York. Según transcurrían los días se intensificaba en mí la idea de que Jeffrey Lieberman quería liquidarme por todos los medios.

El 20 de enero de 2014 mi delirio subió un grado en la escala. Era el Día de Martin Luther King, y de pronto estaba seguro: ¡Lieberman me ha denunciado a la policía neoyorquina por mi pérfido artículo del blog! Por tanto tenía que escapar a toda prisa; hice apresuradamente el equipaje y abandoné el Harlem

YMCA sin despedirme de nadie. Ahora mi viaje se había convertido en huida.

Me dirigí al Aeropuerto Internacional John F. Kennedy para ir desde allí a California. Me quedé dos noches en el aeropuerto porque no me atreví a comprar el billete, ya que sin duda la policía tenía orden de detenerme y me apresarían en el control de pasaportes. Finalmente regresé al centro de Manhattan y tomé varios trenes regionales a Filadelfia, donde pasé la noche en la estación central. A la mañana siguiente comprobé que Amtrak, la agencia oficial de ferrocarriles, exigía la presentación del pasaporte. Con ello quedaban excluidos para mí los trenes de larga distancia. Si no quería que controlaran mi pasaporte solo me quedaba el autobús. Así que tomé una vez más el Greyhound. Pensé en Baja California, México, como posible refugio, y saqué billete para San Diego.

El trayecto de Filadelfia, en la Costa Este, a San Diego, en la Costa Oeste, duró tres días. Antes del viaje me había comprado algunos clásicos ingleses y estadounidenses y los había pasado a mi dispositivo electrónico de lectura. En consonancia con mi situación leí durante el largo viaje *Hard Travellin': The Hobo and his History* de Kenneth Allsop, una exposición de la literatura y cultura hobo estadounidense. Los hobos eran trabajadores ambulantes extremadamente pobres que utilizaban los trenes de mercancías para viajar por el país. Fascinado por el libro de Allsop leí después también la autobiografía del hobo Jack Black, con el título, que también encajaba perfectamente con mis perspectivas, *You Can't Win*. Un libro que también influyó mucho en William S. Burroughs.*

Cuando llegué el 27 de enero a San Diego, comprobé que otra vez no había dinero en mi cuenta corriente. Así que pasé la

---

* William S. Burroughs (1914-1997), novelista y ensayista estadounidense, al que se incluye en la Generación Beat, aunque su obra trasciende ese movimiento. *(N. de la T.)*

noche en la calle, lo que, por suerte, en el sur de California, cálido y seco, no representó mayor problema. Esa noche paseé por la ciudad y me llamó la atención un Palacio de Justicia vigilado. Estaba convencido de que allí se procedería contra mí al día siguiente. Por la mañana me senté en un café cercano. Al poco tiempo entraron varios hombres y mujeres que llevaban en una tarjeta en el pecho el letrero «Juror» (jurado). Esos jurados iban a fallar sobre mi caso. Que aparecieran en el café en el que también estaba yo era además una buena señal.

Hasta entonces había seguido tomando cada noche durante el viaje 200 miligramos de Seroquel. Sin embargo en el Aeropuerto Internacional John F. Kennedy había arrojado a un contenedor de basura las reservas que me quedaban. No quería parecer sospechoso a la policía, si registraban mi equipaje. Así pues, desde hacía varios días ya no tomaba ningún antipsicótico. Y eso aceleró, en efecto, mi ya galopante paranoia. No puedo decir con exactitud a partir de qué momento tuve masivas alucinaciones visuales. Pero estoy absolutamente convencido de que en la fase final sufrí fuertes alucinaciones de ese género. En cualquier caso no puedo decir con plena seguridad si lo que veía desde mi salida de Nueva York era real o no.

Me quedé un día más en San Diego. Como el segundo día por la noche había otra vez dinero en mi cuenta corriente, me hospedé en un hotel barato del centro de la ciudad. Pero al día siguiente, San Diego me causó una impresión negativa. El fallo judicial tenía que haber sido en mi contra. Volví a aquel café, y allí, justo en la entrada, había una especie de taburete amarillo con el letrero «Cuidado: suelo húmedo». ¡Era una advertencia! Desde entonces, esos letreros que uno encuentra en muchas tiendas y cafés serían para mí una advertencia de mis protectores. Así que en San Diego me buscaba la policía. Levanté la vista con desconfianza a las videocámaras instaladas en Estados Unidos en todo edificio público y hasta en alguna pizzería o café común y corriente. Estaba convencido de que la policía estadounidense tenía ya una foto mía de busca y captura y examinaba todas las videocámaras. Me compré en San Diego un jersey negro con capucha y unas grandes gafas de sol. Me había convertido en un paranoico doctor Kimble,* huyendo de una policía inexorable.

Quería refugiarme en México y tomé el trolebús al pueblo fronterizo de San Ysidro. Cuando me apeé vi a un hombre de pelo largo cuyos antebrazos estaban tatuados con calaveras. Mis protectores de los servicios secretos estadounidenses lo habían apostado allí para advertirme de que no cruzara la frontera. México es, en efecto, un lugar bastante peligroso. Desde hace muchos años hay allí guerra abierta entre el Gobierno y los poderosos cárteles de la droga. En esa guerra también actúan milicias urbanas armadas. También en Tijuana las drogas y la prostitución son un gran negocio. No sé decir si aquel hombre de los tatuajes de calaveras fue una alucinación. En los meses siguientes vería en muchas ocasiones tatuajes de calaveras, camisetas y bolsas con calaveras estampadas y gran cantidad de utensilios con calaveras. Tampoco sé si siempre eran reales. Aunque fueran alucinación, me impidieron dar un paso realmente peligroso. En mi condición de enfermo mental habría sido en México presa fácil para toda clase de delincuentes.

Así que me quedé en Estados Unidos y durante los días siguientes viajé sin rumbo fijo por todo el sur de California. De esa manera estuve dos veces más en la frontera con México, pero cada vez las señales de mis protectores me hicieron retroceder.

A pesar de mi enfermedad disponía aún de sentido común. Pude también evitar que la policía me detuviera. Una noche, en un pueblo pequeño, unos policías en coche patrulla me pidieron mi documentación y uno de ellos me dijo que yo estaba perturbado. Pude disculparme y le pedí en tono cortés que me indicara el camino a la estación de autobuses más próxima.

---

* Protagonista de la célebre serie estadounidense de los años sesenta, *El fugitivo*, y de la película homónima de 1993. *(N. de la T.)*

Finalmente fui a parar a Santa Cruz, a unos 100 kilómetros al sur de San Francisco, en la orilla norte de la bahía de Monterrey. La ciudad es un paraíso para amantes del *surf* y atrae gran cantidad de turistas. Pero el más relevante factor económico y cultural es la Universidad de California. El campus de la universidad se halla al noroeste de la ciudad y allí me dirigí directamente. También en en esa universidad pude utilizar un ordenador en una de las salas de trabajo. A pesar de mis malas experiencias mantenía la esperanza de hallar un lugar para entrar en el sistema. Hacía días que no hablaba con nadie más de dos frases. Tampoco había tenido contacto con mi hermano ni con mis padres desde hacía días. Ya durante todo el viaje había estado aislado y muy reservado frente a otras personas. En el YMCA de Harlem había conocido a algunos viajeros, entre otros a un periodista italiano ya jubilado. Pero no intercambiamos direcciones de correo electrónico ni números de teléfono; nunca trabé ni la más fugaz amistad. Durante el viaje tuve de vez en cuando momentos sentimentales en los que echaba de menos a mis amigos o a mi familia. Pero esos momentos pasaban enseguida gracias a mis irrefrenables energías. Era como Don Quijote, que sufre un revés tras otro pero que, impertérrito, sigue adelante con su misión.

En un café de San Diego en el que el 28 de enero permanecí varias horas, me llamó la atención un hombre mayor que leía un libro sobre el Instituto Esalen. ¡Era una nueva señal! Ese instituto es un centro sin fines de lucro para estudios y congresos interdisciplinares de corte humanista en la zona costera de California Big Sur. También fue siempre un foco importante de ese instituto la psicología y la psicoterapia de corte humanista. En cuanto pude envié un mensaje a Gordon Wheele, psicólogo y en aquel tiempo presidente de Instituto Esalen. Tomé también por otra señal favorable que el presidente de Esalen fuera psicólogo y no psiquiatra: allí no estaba un jefe de clínica psiquiátrica al frente del sistema. Pero no recibí respuesta, como es natural. Mi mensaje, en el que hacía gala de mi saber en cibernética y problemas sistémicos, mostraba sin duda de modo inequívoco que estaba en alto grado paranoico.

Me quedé unos días más en Santa Cruz intentando evitar en la ciudad las numerosas videocámaras. Una tarde se me acabó el dinero, así que paseé por un barrio residencial y me escondí en el amplio jardín delantero de un lujoso chalet. Aquello tenía su riesgo, por supuesto, ya que era allanamiento de morada, pero la cosa terminó bien. Pude pasar la noche, fría y desagradable, tumbado y dormitando allí. Ni los dueños de la villa ni la policía aparecieron en toda la noche.

Abandoné finalmente Santa Cruz, porque había visto en el centro de la ciudad a un joven con pantalón de cuero que llevaba tatuajes de calaveras en los brazos y hasta un cinturón con una hebilla en forma de calavera. Así pues, debía abandonar Santa Cruz al momento, ya que la policía estaba pisándome los talones. Sin vacilar un segundo me planté en la estación de autobuses y me fui en dirección a Monterrey. Desde Monterrey quería pasar a Esalen.

Llegué a Salinas por la noche, y otra vez no había dinero en mi cuenta corriente. Caminé por la ciudad y vi también el National Steinbeck Center. Salinas era la ciudad natal del Premio Nobel. Finalmente pasé la noche delante de la estación de los Greyhound.

El 5 de febrero por la mañana continué el viaje a Monterrey en un autobús regional. Allí, cerca de la parada del autobús, vi una ambulancia. Así pues, los psiquiatras estaban pisándome los talones. Salí a pie de la ciudad en dirección sur, pasando junto al famoso Acuario de la bahía de Monterrey y por largos tramos de la costa. No me atreví a detenerme ni a tomar un autobús ya que por el camino había vuelto a ver a un chico que llevaba una camiseta con una calavera. A la caída de la tarde llegué por fin a Carmel-by-the-Sea. A pesar de haber caminado durante horas por el Big Sur apenas había avanzado. Al menos todavía 50 kilómetros de la célebre Highway 1, que discurre paralela a la costa y une San Francisco con Los Ángeles, me separaban de la pintoresca franja costera donde está el Instituto Esalen. En la información turística de Carmel me dijeron que había poquísimos autobuses de línea a Big Sur.

Estaba empapado de sudor, sucio y desmoralizado. Allí desistí por fin del plan de encontrar en Estados Unidos algún lugar donde resolver mi problema. Regresé a Monterrey y pasé la noche en un hotel medianamente asequible.

Esa misma mañana había decidido abandonar California. Tomé de nuevo el Greyhound a lo largo de la Costa Oeste. Primero me detuve en Portland, donde quise salir de Estados Unidos en avión. Pero no me fiaba de los controles en los aeropuertos estadounidenses. Así que continué en autobús hasta Seattle, que estaba hundida en nieve, y desde allí, por fin, a Vancouver, en Canadá.

A mi llegada a Vancouver el 9 de febrero por la mañana me compré un par de zapatillas de senderismo de la marca The North Face: mi patrocinador. Mis viejas botas de senderismo, que habían recorrido el camino de Santiago, estaban ya para tirarlas. Tenía además, desde hacía tiempo y de modo persistente, hongos en los pies, que trataba con una crema fungicida que había comprado en California.

Mi plan era regresar a Toronto en autobús. Quizás encontrase aún algún lugar donde acceder en el sistema. Me compré, pues, en la estación de los autobuses Greyhound de Vancouver un billete para los tres días de viaje desde la Costa Oeste canadiense a la Costa Este. Por otra parte tenía que presentar esta vez mi pasaporte, lo que me hacía desconfiar. Durante el viaje, el autobús hizo una parada cerca de Calgary, en una gran estación de servicio. Cuando entré en esa estación de servicio, había allí expuestas camisetas con calaveras de la serie estadounidense *Sons of Anarchie*: una advertencia de mis protectores. Cuando el autobús hizo la siguiente parada en Calgary, pedí que me dieran la mochila y me dirigí al centro urbano de la gran metrópoli.

¿Cómo continuar el viaje? De Estados Unidos y ahora también de Canadá ya no me fiaba. La única posibilidad era Asia, en especial Japón, de tan alto desarrollo y donde sin duda habría terapeutas competentes. Pero tenía únicamente mi tarjeta Visa de prepago, que solo se recargaba en la cuenta corriente electrónica de Wüstenrot, y en esa cuenta no había un céntimo. Finalmente decidí probar suerte en el Aeropuerto Internacional de Calgary. Me dirigí a un cajero del aeropuerto: y con mi EC-Karte, de débito, y con la tarjeta Visa Plus del Postbank pude sacar nada menos que 800 euros. Era desde luego casualidad que en aquel momento hubiera tanto dinero en mis dos cuentas bancarias. Claro, desde Monterrey prácticamente no había estado en ningún hotel y había pasado la mayoría de las noches viajando en autobús. Mi madre no sabía, evidentemente, cuánto dinero necesitaba yo cada día.

El vuelo partía a la mañana siguiente y duraría once horas. Una vez más, pasé la noche en un aeropuerto.

En Tokio me esperaba un mundo totalmente nuevo. Empezó con que tuve grandes problemas para encontrar cajeros de banco en los que pudiera sacar dinero con mi EC-Karte. Por fin encontré uno en el que saqué algunos yenes. En un quiosco del aeropuerto me compré una pequeña guía de viaje en inglés, que contenía algunas informaciones básicas sobre esa megaciudad de casi diez millones de habitantes, porque yo no sabía absolutamente nada sobre la capital de Japón. La guía recomendaba a los viajeros escasos de recursos el animado barrio de Asakusa. Tomé un tren de cercanías y una amable japonesa me dio durante el trayecto varios consejos útiles.

En Asakusa, en un restaurante económico, me permití una cena típicamente japonesa: sopa de fideos con pescado. A continuación caminé por el barrio y busqué alojamiento. Asakusa es conocido, entre otras cosas, por el Senso-yi, el templo más antiguo y más importante de Tokio. Muy cerca de ese templo me dirigió la palabra un chico joven que resultó ser argentino. Cambiamos del inglés al español y en el curso de la conversación me recomendó su alojamiento: «Estoy en un hotel barato. A cinco minutos de aquí. Ven conmigo», dijo.

El albergue era perfecto para viajeros con mochila como yo. Las habitaciones con varias camas, aunque pequeñas, estaban limpias. Y en la sala de estar había varios ordenadores que se podían utilizar gratis. Ya a la mañana siguiente busqué en la red terapeutas de habla inglesa en Tokio. Finalmente encontré a un tal doctor Douglas Berger, que hablaba inglés y japonés y que había estudiado en universidades de Estados Unidos y Japón.

Pero también en Tokio me asaltó el delirio. Ni siquiera aquel radical cambio de lugar obró en mí el menor cambio. Ya el segundo día corrí peligro de muerte. Un joven japonés, con aire de deportista, había intentado alojarse en nuestro albergue y por ese motivo había echado también una ojeada a nuestra habitación. ¡Era un asesino yakuza encargado de liquidarme! Al fin y al cabo en aquel albergue solo había prácticamente extranjeros que viajaban con mochila. Como es natural, los asesinos a sueldo actuaban por encargo de los directores de centros psiquiátricos de la ciudad. Así, después de un solo día, Tokio ya no era un lugar seguro para mí.

Envié entonces un correo electrónico a mi hermano pidiéndole que me procurase un billete de avión para Alemania. Mi hermano me hizo varias propuestas, entre otras un vuelo con Aeroflot que hacía escala en Moscú. Pero eso me resultaba muy peligroso, al fin y al cabo Putin ya había mandado matar a muchos periodistas. Rechacé todas las propuestas de mi hermano por una u otra razón. ¿Quería yo realmente volver a Alemania? Al fin y al cabo allí me esperaban Angela Merkel y los psiquiatras alemanes para asesinarme. Mi hermano acabó perdiendo la paciencia. Así que al final compré yo un billete de Etihad Airways, la aerolínea de los Emiratos Árabes Unidos, que ofrecía un vuelo en cooperación con Air Berlin. El vuelo iba a Abu Dabi, luego a Dusseldorf y finalmente a Londres. Me decidí por ese vuelo porque consideré una señal la escala en Dusseldorf: Hannelore

Kraft, la primera ministra de Renania del Norte-Westfalia, estado al que pertenecía Dusseldorf, cooperaba en ese asunto con los servicios secretos estadounidenses para hacerme llegar de modo seguro a Londres. Compré el billete en un ordenador del albergue y allí mismo lo imprimí. Mi madre me había dado para ello los datos de su tarjeta Visa Electron.

Cuando por la mañana del 15 de febrero quise viajar al aeropuerto de Tokio Narita en el tren de cercanías, comprobé que ya no me quedaba dinero. De nuevo estaba a punto de fracasar mi regreso a Europa. Escribí un correo electrónico a mi madre, que estuvo a punto de sufrir el segundo ataque de nervios cuando lo leyó a las tres de la madrugada. Mi padre también entró en *shock*. Mi madre hacía ya días que me había transferido dinero a mi cuenta corriente. Fui a la oficina de correos más próxima, porque las oficinas de correos japonesas tienen cajeros en los que yo podía sacar dinero con una EC-Karte. Pero allí comprobé que no había dinero en mi cuenta. Por suerte trabé conversación en el albergue con una chica alemana, que estudiaba filología japonesa en otra ciudad y que estaba de turismo en Tokio. Al final fue tan generosa que me prestó yenes por valor de unos 50 euros. Apunté su dirección electrónica y su número de cuenta corriente y le envié por correo electrónico esos datos a mi madre pidiéndole que le transfiriese lo antes posible ese dinero. Mi madre respiró aliviada. Luego viajé al aeropuerto, y un día después aterrizaba en Londres Stansted.

Europa me tenía de nuevo, por fin. Mi madre aprendió la lección y poco después de mi llegada a Londres bloqueó su tarjeta de crédito para que yo no pudiera volar otra vez a otro continente. En Londres me alojé de nuevo en el Hotel Ibis, del barrio de Stratford; aún recordaba la infraestructura de Stratford, que conocí bien en mi precipitado viaje de enero de 2013. No quería volver a Alemania. Aún seguía buscando una solución a mi problema. Por eso viajé a Birmingham, situada a unos 200 kilómetros al noroeste de Londres. Mis perspectivas en esa ciudad obrera dominada por el partido laborista serían mejores que en Londres. Cuando hube regresado a Londres, por supuesto sin resultado, escribí a Scotland Yard un correo electrónico con algunas explicaciones concernientes a mi caso: jamás recibí una respuesta a esa misiva, evidentemente. Como tenía al personal de servicio del Hotel Ibis por colaboradores del servicio secreto francés, dejé en el vestíbulo un *pendrive* con todas las informaciones relevantes sobre mi caso.

Sin embargo, el 20 de febrero también me harté definitivamente de Inglaterra y viajé en autobús a Dover. A la mañana siguiente pasé en ferri a Calais, donde el ambiente me pareció agitado y agresivo. En un escaparate de Calais vi varias calaveras artísticamente elaboradas: una advertencia más de mis perseguidores. Evita el continente europeo, me decían. Así que trabajé varias horas en el ordenador de un cibercafé y al caer la tarde regresé a Dover en el ferri. Me quedé después varios días en Londres hasta que al final, por primera vez, tuve clarísimamente una alucinación visual: vi en un escaparate una escena en la que había un Mini inglés con un esqueleto al volante. Y en la misma escena había un Fiat 500 con una persona normal sentada al volante. No puedo creer que esa escena fuera real. En aquellos momentos yo lo interpreté así: en Inglaterra te espera la muerte. Ve al sur de Europa, a Italia o quizá mejor a España. Al fin y al cabo, mi madre tenía aquel apartamento en Madrid.

Así que ya no fui a ningún hotel sino que huí directamente a la estación de Victoria y pasé allí la noche. A la mañana siguiente compré un billete de la compañía Eurolines-Bus de Londres a París. Desde allí viajé con otro Eurolines-Bus a Madrid. Tras unas 20 horas de viaje, llegué finalmente a Madrid, mi segunda patria.

Sin embargo, ya en la misma estación de autobuses, Madrid también daba una impresión de rechazo.

Estaba seguro de que el doctor García Prieto y los otros importantes psiquiatras de Madrid querían deshacerse violentamente de mí. Pero ya había viajado demasiado tiempo por todas partes sin poder resolver en ningún sitio mi problema cibernético. Así que me dirigí a casa de una tía que guardaba la llave del piso de mi madre. Inmediatamente después me fuí derecho al piso. Era el 26 de febrero por la mañana. Después de una odisea a través del globo que había durado cien días, por fin casi había llegado a casa.

Como supe después por mis padres, ese viaje frenético había ocasionado gastos por valor de unos 12 000 euros. Pero ellos estaban felices de saberme por fin de nuevo en Madrid, en un piso que les pertenecía y en una ciudad con familiares que, en caso de necesidad, podían prestar ayuda.

HUESCA: UNA FELIZ CASUALIDAD

En Madrid me atrincheré en el piso de mi madre. Mi estado seguía empeorando. Por todas partes veía calaveras que me ponían en constante estado de alarma. Si salía a la calle, veía camisetas con letreros o dibujos que parecían dirigidos directamente contra mí: «¡Cierra el pico, imbécil!», se leía en una de ellas. Para defenderme mejor de posibles atentados me compré una navaja y gas pimienta que llevaba constantemente conmigo.

Cerraba siempre el piso con varias vueltas de llave y bajaba del todo las persianas por los posibles francotiradores que podían apuntarme desde las casas vecinas. Compré varias linternas y las coloqué en puntos estratégicos del piso. Mis enemigos podrían cortar de noche la corriente eléctrica y aprovechar la oscuridad para entrar en la casa.

Era especialmente meticuloso con los alimentos: en un supermercado cercano compraba solo artículos envasados y empaquetados en el lugar de origen, o mejor aún enlatados. Porque estaba seguro de que mis enemigos querían envenenarme. A Dios gracias, mis protectores de la NSA y la CIA siempre estaban en las proximidades. Controlaban también con todo detalle la situación en aquel supermercado. No obstante, yo también tenía que estar atento y sopesar cuidadosamente qué artículos del supermercado eran seguros para mí.

Sobre todo la NSA: creía que el servicio secreto estadounidense cuya especialidad es la vigilancia electrónica, tenía acceso a mis correos electrónicos. Los miembros de la NSA pasaban revista a mis correos para que su ayuda fuese más eficaz. Ya desde San Diego me había acostumbrado a enviarme correos a mí mismo con el asunto «To the NSA». Con esos correos ponía al corriente de todo lo importante a mis «amigos estadounidenses». En la época de Madrid escribí innumerables correos a la NSA. No me importaba nada no recibir nunca respuesta. Hacia el final de la estancia en Madrid, cuando escribía esos correos electrónicos, el tamaño de los caracteres parecía cambiar. Yo lo interpreté como una respuesta de la NSA. Hoy pienso que aquello también eran ilusiones ópticas.

Vivía en la idea delirante de que el inmueble de Madrid en el que estaba nuestro piso había sido transformado por la NSA en una «casa de seguridad». Observaba a algunas mujeres bastante jóvenes que salían y entraban en él. Creía que eran protectoras locales mías que preservaban la casa. Las consideraba también especialistas en IT, y creía que accedían a mi correo electrónico.

Pese a todas mis medidas de precaución, los atentados —así lo vivía yo— se sucedían uno tras otro. También eso reflejaba la estructura repetitiva de mi enfermedad. En lo concerniente a ese punto, el disco también estaba rayado. Aunque siempre sobrevivía a esos atentados, mis reflexiones nunca llegaban hasta el punto de poner seriamente en duda mi percepción. Cuando sobrevivía a un atentado, siempre me limitaba a pensar: «¡Qué suerte has tenido otra vez!». O bien: «¡Qué bien lo has hecho otra vez!». En cambio, nunca pensaba: «Si siempre sales vivo de esos atentados, entonces puede que no sean reales».

De algunos de ellos me acuerdo muy bien. Una vez, en la primavera de 2014, se llevaban a cabo obras de canalización cerca de la casa. Me imaginé que mis enemigos querían envenenar mi agua potable a través de las tuberías. Como es natural, en uno de mis correos electrónicos puse al corriente de ese pérfido plan a la NSA. Una vez más, con mi perspicacia y mi capacidad analítica había descubierto un complot de mis enemigos. En otra ocasión estaba convencido de que, al más puro estilo mafioso, iban a liquidarme con una ametralladora desde una motocicleta mientras yo estaba en la terraza de un café cercano. Con su camiseta, en la que se veía una ametralladora, uno de mis protectores me había llamado la atención sobre ese plan.

Junto a mi modo de percibir la realidad, también mis teorías eran cada vez más extravagantes. Atribuí a una conjuración contra mí de la Asociación Americana de Psiquiatría el hecho de no haber conseguido entrar en el sistema cibernético en ningún lugar del mundo. El psiquiatra estadounidense Pedro Ruíz, presidente entonces de aquel organismo central psiquiátrico, había sido sobornado por enemigos de Barack Obama del entorno del movimiento Tea Party, para boicotearme en todo el mundo. Al fin y al cabo, yo había informado negativamente en mi blog sobre el Tea Party. Y así, los jefes de ese movimiento, los hermanos Charles G. Koch y David H. Koch, estaban ahora entre mis poderosos enemigos.

Que la alcaldesa de Madrid, Ana Botella, y el presidente del Gobierno, Mariano Rajoy, estaban a sueldo de los neoliberales alemanes: de eso no me cabía la menor duda. ¿No había conocido, ya en septiembre de 2012 en aquel bar cercano al Museo del Prado, a un miembro del séquito de Angela Merkel, quien me explicó con toda claridad que España no era ni más ni menos que una colonia de Alemania?

Sin embargo seguía esperando encontrar en España, en alguna parte, el lugar de la liberación cibernética. A finales de marzo de 2014 escribí en mi blog un artículo sobre Gibraltar, que pertenece a Inglaterra desde 1704. En ese artículo critiqué duramente la política nacionalista de Rajoy, que consideraba ese enclave inglés una llaga abierta en el corazón de los españoles. Y en efecto, desde que Rajoy tomó posesión de su cargo, se suceden los bloqueos españoles en la frontera de Gibraltar y también los conflictos por los derechos de pesca en las costas en torno a Gibraltar.

Pensé, pues, que con ese artículo me había congraciado con los habitantes de Gibraltar y creía que a lo mejor allí me ayudarían. En abril de 2014 salí por la noche de Madrid en autobús en dirección a Gibraltar. Llegué de madrugada a La Línea de la Concepción, un pueblo español en la frontera con Gibraltar. Como aún no había amanecido, me senté en un banco de una parada de autobús, al otro lado de la frontera, es decir, ya fuera de España, y esperé a que saliera el sol. Después me fui en autobús al centro urbano. Paseé por el centro de Gibraltar, también me senté de vez en cuando en la terraza de algún café. Pero mi plan no dio resultado, nadie reparó en mí. Hacia mediodía vi a un hombre que llevaba cosido en la chaqueta un emblema con una calavera. Era la señal de que debía abandonar Gibraltar. Vagabundeé aún unas horas por La Línea, compré comida y bebida para el viaje de vuelta y por la tarde abordé el autobús a Madrid.

En los cuatro meses que pasé en Madrid recelé de todos y cada uno, incluso de mis parientes más próximos. Pero de mí mismo, de mi distorsionada percepción, no recelé jamás. Aunque sé que no reconocer que se está enfermo es un síntoma de mi enfermedad, eso me deja siempre estupefacto. Una vez me escribió un tío, hermano de mi madre, que es un destacado teólogo. Quería ir a ver conmigo a su hermana, mi tía, que vive en Madrid en una residencia de mayores. Me pidió que fuera a la residencia en transporte público para encontrarme allí con él. Como la residencia estaba en un barrio alejado, al momento creí que iban a matarme durante el viaje. Así que me negué e injurié a mi tío por correo electrónico llamándolo hijo de puta. Como es natural, quedó consternado por mi reacción y solo me preguntó en su correo electrónico de respuesta: «Pero ¿qué ocurre, Klaus?».

A pesar de todo, asistí en Madrid a algunos conciertos de jazz en el Café Central, un club de jazz cerca de la Puerta del Sol. Como mi cerebro estaba online, toda la gente podía seguir el efecto que hacían en mí esos conciertos. De ese modo yo era el más importante espectador. Después de cada concierto enviaba certificada al café la entrada firmada por mí.

Durante ese tiempo en Madrid escribí también una autobiografía completamente delirante de más de 200 páginas que, almacenada en un CD, envié certificada a Frank Schirrmacher, el director —fallecido poco después— de la sección cultural del *Frankfurter Allgemeine*. Envié otro CD con el mismo contenido a Martin Schulz, presidente en esa época del Parlamento Europeo.

A finales de junio, el hecho de que una vecina, que habitaba en el mismo inmueble y era amiga de mi madre, tuviera una llave de reserva para nuestro piso empezó a resultarme cada vez más peligroso. Al final estaba convencido de que esa vecina había vendido la llave por mucho dinero a mis enemigos. Una tarde preparé mi mochila y mi bolso y me dirigí a la estación de autobuses donde me compré un billete para Barcelona. Sin embargo, cuando amaneció, Gibraltar me pareció otra vez la solución. Así que tiré el billete a Barcelona y compré otro a Gibraltar. Ya en el autobús, me pareció otra vez que Gibraltar era una trampa. Me apeé en Málaga y deambulé por la ciudad hasta que encontré un cibercafé. Allí busqué las direcciones electrónicas de los periódicos y semanarios alemanes más importantes y envié a todos un correo colectivo en el que exponía brevemente mi caso y les hacía saber que Angela Merkel quería eliminarme.

Unas horas después volví a la estación de autobuses de Málaga porque había contactado por SMS con mi padre y quería regresar a Alemania. Pero el primer autobús con destino a Alemania no salía hasta dos días después. Por eso tomé el autobús a Perpiñán, en el sur de Francia, porque ese salía aquella misma noche. De madrugada, ya en Perpiñán, estaba seguro de que François Hollande me había traicionado. ¡También Francia era una trampa! De modo que decidí volver a España atravesando a pie la frontera. Pero entre esta y Perpiñán hay 30 kilómetros, así que me puse a caminar por la carretera en dirección a la frontera y me extravié.

Un coche patrulla de la policía me recogió, y me llevó a una parada de autobús desde la que podía regresar a Perpiñán. Allí tomé un autobús en dirección a Andorra, del que me bajé antes de llegar al principado. Fui a parar finalmente a un pequeño pueblo de Cataluña cuyo nombre no recuerdo, y allí pasé la noche en una parada de autobús. Un grupo de policías que patrullaba por la zona quiso ver mis documentos, y me dejaron tranquilo. Mi pasaporte estaba en regla y yo era simplemente un viajero con mochila de camino a Barcelona.

Durante toda esa huida sufrí constantemente alucinaciones visuales. Siempre veía personas que llevaban camisetas con dianas estampadas en ellas. Para mí una clara alusión a los francotiradores que me apuntaban.

En Barcelona caminé algún tiempo por la ciudad hasta que fui a parar a un cruce con mucho tráfico: los innumerables coches que pasaban a mi lado eran todos negros. Presa de pánico regresé a la estación de autobuses y allí tomé simplemente el primer autobús que salía. Como luego comprobé, iba a Huesca, una ciudad aragonesa al pie de los Pirineos.

En Huesca pasé la noche, una vez más, en la estación de autobuses. Mi paranoia había adquirido entretanto dimensiones de total desvarío. La estación de autobuses estaba en un cruce. Durante esa noche observé los semáforos de aquel cruce y estaba convencido de que mis protectores los manejaban de manera que reaccionasen a mi producción de ideas y respondiesen a mis preguntas.

A la mañana siguiente tomé un autobús a Zaragoza, la capital de Aragón. Pero ya a los pocos kilómetros estaba seguro de que allí me esperaba la policía. Así que hablé con el conductor, que me dijo que podía apearme en una parada, aunque me advirtió que por allí no pasaría ningún autobús hasta la noche. Sin embargo, presa del pánico, me bajé, eso no me importaba.

En aquella parada de autobús había un hombre con el que trabé conversación. Estaba esperando a una amiga que iba a llevarlo en su coche a Huesca. Me dijo que podía ir con ellos. Durante el viaje resultó que él era enfermero en una clínica psiquiátrica y esa amiga lo llevaba al trabajo. Nos bajamos los dos delante del hospital de Huesca. Estaba ya completamente desesperado. Veía con claridad que así no podía seguir. Y que ahora estuviera delante de una clínica era una señal del destino. Pero seguía vacilando y deambulé por el barrio en el que se encontraba la clínica. Finalmente pregunté en la entrada si podía hablar con algún psiquiatra.

En la recepción tomaron nota de mis datos personales y después me llevaron a una sala en la que me esperaba una joven psiquiatra. En un tono completamente histérico conté mi historia: mi blog, la persecución por motivos políticos, el control cibernético de mi cerebro, la conjuración de la Asociación Americana de Psiquiatría… Al cabo de algún tiempo entró en la sala el enfermero que me había llevado allí. «¿Sus pensamientos solo se pueden leer o también pueden ser manejados por otras personas?», me preguntó. Ambos estaban ya al corriente de lo que me ocurría. Toda mi teoría cibernética era un caso inequívoco de trastorno del yo. En mi caso estaba en primer plano la difusión del pensamiento, pero nadie lo manejaba.

Al final de la entrevista la psiquiatra me dio algunos medicamentos, entre ellos sin duda también fuertes somníferos. Los tomé e hicieron efecto de inmediato. Mis recuerdos empiezan de nuevo cuando desperté en una de las plantas superiores del hospital. Estaba acostado en una cama y sujeto con hebillas. Tenía urgencia de ir al baño. Llegó una enfermera y quiso meterme debajo una cuña. Le pedí que me desatara, que podía ir solo al baño. La enfermera me dijo que mientras dormía había rodado al suelo y que por eso me habían sujetado. Muy amable, me desató.

Así fui a parar a la unidad psiquiátrica del Hospital General San Jorge de Huesca, el mayor complejo clínico público de la ciudad. Era un hospital de la Seguridad Social para enfermos de la región, o sea todo lo contrario de una clínica privada de lujo.

La instalación, por tanto, era modestísima: habitaciones pequeñas y una sola sala de estar para toda la unidad. No había balcones. Por habitación, tres camas que por lo general estaban ocupadas. Las habitaciones disponían de un rincón con ducha e inodoro. No había servicio de lavandería y ni siquiera una lavadora. O sea, yo tenía que lavar mi ropa a mano en el lavabo. En Huesca hace mucho calor en verano, de forma que las ventanas de la planta solían estar cerradas y el aire acondicinado funcionaba todo el día. Se comía en un comedor con cubiertos de plástico. Los enfermeros siempre estaban presentes durante las comidas.

El médico jefe de servicio era el doctor Agustín Rodríguez Bueno. Hablaba a menudo conmigo intentando convencerme para que tomara medicamentos. Al igual que el doctor Hilbert, del Centro Psiquiátrico de Emmendingen, también me recomendó Abilify, pues tenía sobrepeso. Dije al doctor Rodríguez Bueno que Abilify me ponía nervioso y que en el pasado no me había servido gran cosa. Entonces cambió a otro medicamento que yo no conocía y que no había tomado hasta entonces; Xeplion, la modalidad intramuscular de acción retardada de la sustancia paliperidona, que se suministra en forma de inyección y ha de ser renovada cada cuatro semanas.

¡Así que querían ponerme una inyección de depósito! El hecho es que, aunque había ingresado en la clínica por mi propia voluntad, me negaba a aceptar que estaba enfermo; antes bien, seguía imbuido de mis ideas de persecución y de mis teorías cibernéticas. Pero el doctor Rodríguez Bueno procedía con gran prudencia: en nuestras conversaciones ponía siempre sobre la mesa una guía práctica titulada *Vivir con esquizofrenia*. Quería indicarme así de manera discreta qué enfermedad padecía. Yo conocía desde hacía muchísimo tiempo tal diagnóstico, pero nunca lo había creído de verdad.

Pese al amable proceder del doctor Rodríguez Bueno no había manera de convencerme en cuanto a la inyección de Xeplion. Tras una semana más o menos de estancia en el hospital, hubo una conversación entre el doctor Rodríguez Bueno, un juez y yo. También entonces solté mi discurso de la teoría cibernética. Dos días después, me pidió otra vez que hablara con él. Abrió mi expediente. En tono amistoso me dijo que tenía delante una resolución judicial; esta determinaba que mi tratamiento continuara en Madrid por un periodo de seis meses. Él, sin embargo, podía ofrecerme una alternativa: si me resultaban muy largos esos seis meses de clínica, también entraba en consideración la inyección de Xeplion. En ese caso, el tratamiento en Madrid duraría mucho menos. Tras mis fatigosas correrías estaba más que agotado. No tenía ni fuerza ni ganas de oponer resistencia. Respondí: «Ok, póngame entonces la inyección. No quiero pasar tanto tiempo en una clínica». Al día siguiente me pusieron la primera inyección de depósito.

Estuve unas tres semanas en aquella clínica de Huesca, desde finales de junio hasta mediados de julio. Al final de mi estancia, unos diez días después de la inyección de Xeplion, el delirio ya había disminuido considerablemente. Cada vez estaba más convencido de que el doctor Rodríguez Bueno había acertado con su diagnóstico. Nada más ingresar en la clínica, avisaron a mis padres. Mi madre vino a verme tres veces a Huesca. En las dos primeras, yo no había recibido aún ningún tratamiento y estuve tan agresivo que ella no se atrevió siquiera a dar un paseo conmigo por la ciudad. Cuando vino por tercera vez, el Xeplion llevaba una semana haciendo efecto. Como ya estaba mucho más tranquilo y tratable, dimos un paseo por Huesca. Era la primera vez que salía de la clínica: y me quedé estupefacto al ver cómo había cambiado mi visión de las cosas. En la calle no me sentía observado, y mi cerebro no parecía estar conectado a una red. Las alucinaciones visuales habían desaparecido, no veía calaveras ni otros signos inquietantes. Aún me sentía inseguro y no me fiaba gran cosa de todo aquello. Pero no cabía duda de que en mí había ocurrido un cambio fundamental.

Al final de mi estancia en Huesca estaba previsto que una ambulancia me trasladara a Madrid para continuar allí con el tratamiento. Mi madre había encontrado una clínica privada que me admitía como paciente. Pero mi estado había mejorado tanto que el doctor Rodríguez Bueno me permitió viajar a Madrid con mi madre en tren y autobús.

Allí ingresé en el Sanatorio Esquerdo, situado en Carabanchel, un barrio al suroeste de la capital. Esa clínica es un gran edificio de 130 años de antigüedad, con grandes habitaciones individuales y rodeado de un hermoso jardín, donde pasaba la mayor parte del día sentado en un banco. Simplemente, estaba asombrado por la rápida desaparición de la pesadilla paranoica. Era otra vez una persona normal, con el cerebro cerrado. Mis ideas delirantes ahora me parecían demenciales. Si en Huesca aún quedaban algunas dudas sobre mi diagnóstico, ahora comprendía que durante muchos años había estado gravemente enfermo.

En el Sanatorio Esquerdo trabajan sobre todo psiquiatras cubanos. El doctor José Portela Cabrera era un hombre amable y jovial, cuyo color de piel y cuyo acento delataban su origen. Continuó el tratamiento con Xeplion y hasta final de agosto me puso dos inyecciones más. En Huesca, el doctor Rodríguez Bueno me había tratado además con Topiramat, en realidad un medicamento para la epilepsia y las migrañas. Pero, *off label* —o sea en un uso para el que no fue aprobado—, también se emplea para controlar el apetito. Seguí tomando Topiramat en Madrid y adelgacé de modo evidente. A las pocas semanas me dieron también el antidepresivo Escitalopram, ya que empezaba la depresión posesquizofrénica. Permanecía apático en la cama y solo quería dormir. Mi madre y mi familia española fueron a verme a menudo a esa clínica en la que el reglamento era bastante permisivo y los pacientes no estaban sometidos a una vigilancia rigurosa. Pronto pude pasar el fin de semana en el piso de mi madre. El signo más claro de mi restablecimiento fue que un fin de semana borré de mi blog todos los artículos paranoicos.

En Huesca, el doctor Rodríguez Bueno había dicho expresamente a mi madre que podía llamarle por teléfono en todo momento, siempre que fuera necesario. En Madrid, el doctor Portela Cabrera citó a mi madre en la clínica y le hizo exactamente el mismo ofrecimiento. En España parece que los médicos son más conscientes de que con pacientes psiquiátricos el peso principal de la responsabilidad recae sobre los padres o sobre otros familiares. La distancia entre el médico y el paciente también me parece que es menor en España. Los psiquiatras no suelen ser allí los «semidioses de blanco» que son en Alemania, sino seres humanos como cualquier otro.

Mi padre llegó a Madrid a finales de agosto. Poco después de que me dieran de alta en el Sanatorio Esquerdo nos fuimos los tres de vacaciones a Cádiz. Yo estaba encantado de que la comunicación con mis padres, que debido a mi enfermedad había quedado alterada durante tantos años, ahora por fin se hubiera normalizado: ya habláramos de temas banales o difíciles. La calma y el sosiego que sentí esa semana dentro de mí fueron otro regalo del cielo. Por fin había dejado de vivir constantemente acosado, de errar sin meta por una absurda red cibernética, y era de nuevo una persona normal. El hecho de vivir, por primera vez en los veinte años que había durado la enfermedad, una completa remisión de todos los síntomas nos pareció, no solo a mí sino también a mis padres y a mi hermano, un milagro.

A ello contribuyeron varios factores: el doctor Bueno tenía el apoyo de un juez para el que no era determinante que yo fuera un peligro para los demás o para mí mismo. Le bastó saber que mi enfermedad era grave. Por otra parte, después de la larga y frenética fase de la paranoia, yo estaba exhausto: simplemente, había llegado a mi límite. Había vivido la psicosis hasta el estadio de un delirio furioso con masivas alucinaciones visuales. Cuando el doctor Rodríguez Bueno me enseñó la resolución del juez, mi resistencia se derrumbó por completo.

Acertar con los neurolépticos adecuados tiene algo de lotería. Lo que ayuda a uno, a otro solo le causa graves efectos secundarios. En muchos esquizofrénicos son años de búsqueda hasta que se encuentra por fin el medicamento adecuado en la dosis adecuada: y en muchos casos se trata de una combinación completamente individual de varios preparados con un espectro distinto de efectos y efectos directos y secundarios. El doctor Rodríguez Bueno se decidió enseguida por Xeplion, que en mi caso resultaría ser un completo éxito: un importante factor para mi curación.

REGRESO A LA VIDA

Como no quería empezar a hacer esfuerzos demasiado pronto, no volví a Alemania hasta noviembre de 2014. Durante mi estancia en Madrid, la depresión se había agudizado, por desgracia. Se añadía a eso que, profesionalmente, estaba ante la nada. Tras una fase de la enfermedad que había durado años, tendría que volver a empezar de cero.

Como ya estaba libre de síntomas, comprendí por primera vez desde 1994 que en muchos aspectos yo era un caso paradigmático de una grave esquizofrenia paranoide. Además, mi convalecencia no había terminado. Entretanto he cambiado de Xeplion a Abilify, ya que, en cuanto a aumento de peso, ese medicamento es menos gravoso. Mi paranoia se ha calmado hasta el punto de que Abilify obtiene un efecto antipsicótico por completo suficiente: mientras que en las fases agudas ese efecto no bastaba.

Tras veinte años de enfermedad hice balance. Eso concernía a la evolución de la enfermedad, que yo reconocía ahora en sus diferentes fases. Concernía también a las graves pérdidas que había sufrido en esos veinte años. Mi enfermedad me había impedido situarme profesionalmente en la vida. Me había impedido conformar una familia. Y me había impedido incluso vivir con independencia.

Mi vida se había quedado detenida en 1994.

Esas pérdidas ya no eran recuperables. Estaba en el umbral de los 50 años: tarde para iniciar una carrera profesional. Tarde también, en el fondo, para fundar una familia. Tarde para acumular ahorros y ni siquiera para lograr una pensión que bastara para vivir.

Me sentía solo. Durante mis años de enfermedad había perdido muchas amistades, también la relación con Simone.

Primero lo intenté con trabajos no retribuidos. Pero esas tareas no me satisfacían. Tenía la sensación de que quien trabaja como voluntario es solo la quinta rueda del carro.

Desde que volví de Madrid, mi padre me pidió repetidas veces que escribiera la historia de mi enfermedad. Finalmente, escribí un artículo que, guardando el anonimato, se publicó el 10 de febrero de 2015 en la primera página de la sección cultural del *Frankfurter Allgemeine* con el título «¿Quién me ayuda en mi delirio?» Ese artículo también se encuentra online en www.faz.net. En él discutí sobre todo el tema del tratamiento forzoso. La confianza de la opinión pública en la psiquiatría ha quedado muy maltrecha en los años pasados debido a casos espectaculares como el de Gustl Mollath: un hombre que, según todas las apariencias, pasó sin motivo siete años en la unidad de psiquiatría forense de un hospital psiquiátrico. Pero yo había comprobado, en mi propio detrimento, cuán altas son en Alemania las barreras que hay que superar para aplicar un tratamiento forzoso, y qué impotentes son, inevitablemente, los psiquiatras, cuando no encuentran apoyo legal. Un tratamiento forzoso puede ser traumático, y lo es con frecuencia. Pero la forma respetuosa y moderada del tratamiento forzoso que recibí en Huesca no pudo tener para mí un efecto más positivo.

Desde mi punto de vista, fortalecer los derechos del paciente más allá de una medida razonable no tiene por qué ayudarlo. En cuanto al peligro propio o ajeno, que ha de estar comprobado antes de un tratamiento forzoso, esto es lo que pienso hoy: ¿tiene que ocurrir siempre en Alemania un hecho grave para que se empiece a actuar? En España, la legislación es distinta: basta con que un psiquiatra diagnostique una enfermedad mental grave. Entonces puede obtener una disposición judicial que permita el tratamiento forzoso.

No quiero afirmar que la normativa legal española sea básicamente mejor que la alemana. Pero ofrece a los psiquiatras un mayor margen de maniobra cuando comprueban que un paciente está preso en su delirio. Esa normativa dio al doctor Rodríguez Bueno en Huesca la posibilidad de actuar de forma efectiva: una posibilidad que no tuvo el doctor Hilbert en el Centro Psiquiátrico de Emmendingen.

Sin duda, mis tratamientos forzosos fueron también una espada de doble filo. El primero, el del año 1994 en la unidad de psiquiatría y psicoterapia de la Clínica Universitaria de Friburgo, dejó un trauma permanente. Si el médico ordena el tratamiento a toda prisa, sin grandes preámbulos, y si esa orden se ejecuta en tono conminatorio, el daño psíquico para el paciente está asegurado. En Huesca supe que también puede hacerse de manera muy distinta. Y por eso siempre estaré agradecido al doctor Rodríguez Bueno.

Por principio, la falta de percepción de la propia enfermedad (anosognosia) es un síntoma típico justamente de la esquizofrenia. Así pues, si en una fase aguda el paciente se niega a recibir tratamiento, su libre albedrío se expresa en ello de modo muy limitado. En una situación así, el paciente es prisionero de su delirio. Propiamente, no es él mismo, o lo es solo de manera muy limitada. ¿No viene a constituir por eso una denegación de auxilio el hecho de no liberar de su delirio a una persona claramente psicótica? Quien deja a ese paciente con su delirio no le hace en verdad ningún favor. La «libertad de estar enfermo», confirmada ya en varias sentencias por la Corte Federal de Justicia de Alemania, es una libertad inútil y amarga. Quien, como yo, ha vagado de un lugar a otro en estado paranoico durante cuatro años y, en su delirio, ha volado de Alemania hasta Tokio, sabe lo que dice.

Después de mi artículo del *Frankfurter Allgemeine*, dos padres se pusieron en contacto conmigo. Ambos tenían hijos varones que padecían esquizofrenia paranoide y que —casos típicos— rechazaban todo tratamiento. Y en ambos casos los padres (y también las madres, evidentemente) estaban desesperados por su impotencia, ya que no se había constatado peligro propio o ajeno. Yo no era realmente un caso aislado. En Alemania, los pacientes avispados, como era yo, se escurren por entre las redes del sistema psiquiátrico. Mientras el enfermo no haga uso de la violencia contra otros o contra sí mismo, los médicos y los familiares no pueden hacer nada. Los padres, sobre todo, tienen que limitarse a ser espectadores desesperados, llevando al mismo tiempo, por lo general, la carga de cuidar de sus hijos enfermos.

Las cifras muestran además que se trata de un relevante problema políticosocial: aproximadamente un 1% de la población enferma de esquizofrenia en el transcurso de su vida. El tipo más frecuente, con mucho, es la esquizofrenia paranoide. Un tratamiento forzoso es a menudo el último freno de seguridad. Si no es posible aplicarlo, se está a merced de la enfermedad con todas sus consecuencias.

Han pasado más de tres años desde que regresé de Madrid. Pese a tantas limitaciones también ha habido progreso. En mayo de 2016 empecé a trabajar, al principio en calidad de *minijob*,* como auxiliar de convalecencia en una residencia psiquiátrica de Bad Krozingen, cerca de Friburgo. Ese trabajo no es siempre fácil. Los residentes son personas con una enfermedad grave y no han tenido la suerte de experimentar una completa curación. La mayoría de ellos tienen una reducción general crónica por la enfermedad y por la medicación. Deben vivir en una residencia donde cuidan de ellos. Muchos tienen un tutor que, según los síntomas, se ocupan de uno u otro aspecto legal de su vida. Desde marzo de 2017 trabajo en esa residencia como acompañante de día, en el marco de un empleo con seguridad social obligatoria.

---

* Los *minijobs* (minitrabajos), que existen en Alemania desde 2003, son contratos de baja remuneración (unos 450 euros al mes) y un máximo de quince horas a la semana. *(N. de la T.)*

En último término, es una cuestión filosófica si se está contento con la vida. ¿Está el vaso medio lleno o medio vacío? En mi caso yo lo veo medio lleno. En la parte del «debe» están las enormes pérdidas que he sufrido debido a mi larga enfermedad. Pero del lado del «haber» está la esperanza de haber recobrado de modo duradero la salud. Si se tiene en cuenta que casi todos los psiquiatras con los que tuve que ver entre 2010 y 2014 me consideraron un caso de esquizofrenia crónica en la que ya no habría una mejora considerable, es alentador. Ahora puedo mirar al futuro con bastante más optimismo que en los muchos años anteriores. Para mí es un motivo de satisfacción.

EPÍLOGO

Este libro quiere ser una presentación objetiva de mi vida como enfermo de esquizofrenia paranoide.

Quiero mostrar, partiendo de mi caso, la estructura y el desarrollo de esa enfermedad, a menudo tan desconcertante y enigmática. El libro pretende ser, entre otras cosas, una aportación a la manifestación externa del conjunto de caracteres de esa enfermedad.

Pero también quiere hacer una aportación al tema del tratamiento forzoso. Durante los veinte años de mi historia clínica estuve sometido tres veces a un tratamiento forzoso: primavera de 1994, invierno de 2010-2011 y verano de 2014.

De un modo general hay que decir: también en un tratamiento forzoso debe quedar salvaguardada la dignidad de la persona, el tono debería ser siempre respetuoso. Sobre todo deberían quedar completamente agotadas las posibilidades argumentativas antes de aplicar tal tratamiento. Con demasiada frecuencia eso ocurre de modo autoritario, de arriba abajo, y casi sin palabras. Por eso se convierte no pocas veces en un trauma de larga duración. Mi primer tratamiento forzoso fue también así. Pero pienso, basándome precisamente en mi propia experiencia (esto concierne sobre todo al último tratamiento forzoso en el verano de 2014) que tal tratamiento puede ser a menudo el freno de seguridad salvador antes de que la vida de un enfermo de esquizofernia se salga definitivamente de la vía.

He cambiado los nombres no solo de mis amigos y conocidos sino también de los psiquiatras y psicoterapeutas que me han tratado. Este libro no pretende ser un ajuste de cuentas. Para dar a mi informe la mayor autenticidad posible he indicado por su nombre los numerosos psicofármacos que he tomado. El efecto de los psicofármacos es individualmente distinto. Mi valoración de los medicamentos concierne solo a mi propio caso. Para no dar lugar a malentendidos quiero decir con toda claridad que no pretendo hacer publicidad para ninguno de los medicamentos que menciono. Mantengo una clara distancia con la industria farmacéutica, justamente denigrada por su afán de lucro.

POSFACIO
HANS-MARTIN GAUGER

28 de junio de 2014, poco después de mediodía: al teléfono una voz femenina desconocida. No dijo su nombre, solo oí, preguntando, el nombre de mi mujer:

—¿Carmen?
—No está en casa —dije en alemán y luego en español porque supuse que la llamada venía de España.
—Tengo noticias de Klaus —oí entonces, en español.

Se me hizo un nudo en la garganta. Desde hacía ocho días no sabíamos dónde estaba. A los pocos segundos pude apenas preguntar:

—Por favor, ¿qué sabe de él?
—Soy la doctora Castro —respondió— trabajo en el Hospital General San Jorge de Huesca. Klaus está con nosotros. Esta mañana he hablado mucho tiempo con él. Estaba excitado, trastornado y agotado —y añadió—: Me ha dado mucha pena.

La última es una frase —pero de eso caí en la cuenta más tarde— que nunca había oído decir a ningún médico respecto a Klaus. Esa frase no forma parte de un diagnóstico: es simplemente una frase compasiva.

—¿Qué hace ahora? —pregunté enseguida.

—Está durmiendo —dijo.

De momento solo quería que supiéramos dónde estaba. Él le había pedido que nos lo dijera. Y por lo visto solo había indicado el nombre de la madre. También pensé en eso más tarde, y me emocionó. Así pues, Huesca. Una pequeña ciudad al pie de los Pirineos. Yo no tenía la menor idea de cómo había ido a parar justamente a ese lugar. Solo pude decir:

—Muchas gracias. Nos ha tranquilizado mucho y, por favor, dígame su número de teléfono. Carmen volverá pronto y seguro que querrá hablar enseguida con usted.

Así terminó para Klaus, para mi mujer, para Stefan, su hermano, y para mí el segundo de sus viajes alrededor del mundo: había empezado el 19 de noviembre de 2013 y duró, hasta el 28 de junio de 2014, más de siete meses (pero después se quedó en Madrid, en parte junto con nosotros, antes de regresar a Friburgo). El primer viaje había sido muy breve, del 1 al 17 de enero de 2013, pero también le llevó a varios países de Europa y a Nueva York.

En los veinte años en los que Klaus estuvo más o menos a merced de la enfermedad, hubo también muchos periodos positivos, con diferencias, claro, y muy positivos fueron muy raras veces. En ese tiempo no fue poco lo que llevó a cabo: entre otras cosas la tesis doctoral y el examen oral de doctorado; después, superar los escalones para obtener una cátedra de instituto: el primer *Staatsexamen* y sobre todo el segundo, tras año y medio de prácticas especialmente duras.

Mucho de lo ocurrido en esos veinte años se me ha vuelto confuso, muchas cosas se han mezclado unas con otras en el recuerdo, de manera que no lo puedo ordenar todo. Pero algunas cosas, como la conversación con la doctora Castro, las tengo presentes con todo detalle. Y también, sin duda, el primer ingreso en la clínica psiquiátrica de la Universidad de Friburgo en febrero de 1994.

Klaus dormía entonces en el último piso de la casa, en la habitación que queda directamente sobre la nuestra. Por la noche solía estar muy inquieto; en general había trasladado su vida sobre todo a la noche. Y llegó entonces el día en que, en plena noche, desesperado —«¿dónde están los micrófonos?»— detrás del revestimiento de madera de su habitación, rompiendo y arrancando los tablones, buscó unos micrófonos que él percibía como algo completamente real. Y por cierto, no solo en su habitación... Allí, después de semanas de dudas y temores, no tuvimos más remedio que llamar al médico de urgencia que, tras una nerviosa espera de unos veinte minutos, se presentó, para sorpresa nuestra, acompañado de dos policías.

En las semanas anteriores mi mujer siempre había vacilado cuando yo proponía llamar al médico. Pero aquella noche estuvo de acuerdo. Más tarde tuvimos nuestras dudas —ella también más que yo— de si no habría sido mejor no haberlo hecho. Porque para Klaus ese primer internamiento pasaría a ser un trauma que aún hoy se hace sentir. Por lo demás, sin protestar ni menos aún oponer resistencia —cosa que facilitó el asunto, pero que a mí me deprimió aún más—, se marchó con los policías y el médico a la clínica psiquiátrica.

Yo me fui en mi coche detrás de ellos, aliviado por una parte, pero en un estado de ánimo entre desesperado y excitado. Mi mujer se quedó en casa. A Klaus lo condujeron enseguida a la zona interior de la clínica. Yo le vi solo un momento y esperé después en el vestíbulo, porque había que contestar a unas preguntas para el ingreso. Allí paseaba un médico de edad, amable, que por lo visto tenía la misión de hablar con los familiares: «Bueno —me dijo varias veces— menos mal que todo ha terminado bien». Esa era también mi sensación. Pero aquella noche fue un comienzo, no un final.

En casa, mi mujer se derrumbó; llorando a gritos fue a la habitación de nuestro hijo Stefan, que entonces aún vivía con nosotros. Hacía tiempo que dormía, claro, y todo lo ocurrido no había logrado despertarlo, pero en ese momento se despertó. Eso nos lo contó hace poco mi mujer a él y a mí. Él no lo recordaba. Yo también he olvidado o reprimido algunas cosas. Y mucho de lo que hemos vivido o presenciado juntos, lo tiene mi mujer más presente que yo. Quizá los padres (o los hombres) sean más fáciles de distraer, digamos. Me tuvo que recordar, por ejemplo, que por la mañana temprano se marchó, como siempre, al instituto a dar clase…

Fue un día terrible para nosotros, y sobre todo para Klaus, quien ha descrito con claridad cómo lo vivió. A mí se me quedó grabado, y también a mi mujer, lo que me dijo cuando ya avanzada la mañana siguiente le llamé por teléfono. Estaba solo furioso y agresivo, dijo en tono cortante algo sobre «ajuste de cuentas» y colgó.

Uno o dos días después fuimos mi mujer y yo a la clínica y hablamos con una joven, probablemente una médica auxiliar, que estaba sentada ante una mesa en la entrada. Le dije —solo de pasada como para iniciar la conversación— que Klaus había querido ser periodista. Al momento se lanzó a hablar a borbotones: «Pero por Dios, esa es una profesión completamente inadecuada para él: ¡demasiado excitante! No, no, —continuó— él necesita algo tranquilo, algo de carácter práctico», y luego habló de Gengenbach, un lugar próximo a Friburgo: allí había una clínica perfectamente apropiada para él, dijo, una clínica que le encauzaría por la vía profesional aún posible para él. No dio un diagnóstico.

Este lo leímos, algo nuevo para nosotros y un *shock*, en la primera factura que llegó de la clínica: «Esquizofrenia paranoide». Más tarde me asombré de que nunca hubiéramos vinculado a ese concepto lo que habíamos vivido con Klaus. Pero así era. ¿Cómo habría que calificar el discurso, que nos deprimió aún más, de aquella médica? Impertinente e inadecuado, cuando menos: dar un pronóstico de largo alcance pocos días después del ingreso en la clínica y antes de empezar con la medicación.

Cuando vimos a Klaus en la clínica, ya empezado el tratamiento, estaba completamente cambiado: apático, como paralizado y anestesiado, con la mirada vidriosa y con movimientos raros, como un robot. Cuando me marché —fue, creo, después de la segunda visita, y yo estaba solo— me dijo en voz muy baja y muy muy triste: «No hay micrófonos».

Unos días después, lo más pronto posible, vino de Madrid Ramón, el hermano menor de mi mujer, para darnos apoyo moral. Se entiende muy bien con Klaus, y también conmigo. Catedrático de Filosofía en la universidad, es además una persona de gran sentido práctico. De modo que enseguida reparó el revestimiento de la pared, lo que nos quitó un peso de encima ya que no nos habría gustado tener que explicar al carpintero cómo había ocurrido aquel destrozo.

Meses después nos unimos a un grupo de familiares de enfermos psiquiátricos que se reunía una vez al mes, grupo que dirigía melancólicamente un padre muy informado y con un hijo enfermo. Eso también nos ayudó, un poco al menos. En cualquier caso, allí, entre personas que han vivido algo parecido con sus hijos o sus parejas, uno habla abiertamente y se siente comprendido. Quienes no han vivido nada semejante solo pueden escuchar y asombrarse. Es de gran ayuda hablar con otros que han pasado por algo similar, o también —pues de eso se trata sobre todo—, *escucharlos* a ellos y de esa manera comprobar de modo muy directo que otros tienen problemas parecidos y que no se está solo: al menos, no en *ese* sentido. Cuando acudimos por primera vez a aquella reunión, mi mujer presentó nuestro caso de manera expresiva e intensa, como me pareció también a mí, simplemente porque yo no habría podido hacerlo así.

Pero en conjunto, la situación de los familiares está caracterizada por un factor determinante: la falta de ayuda. Empezando por los médicos. Muy pocas veces tuvimos la oportunidad de hablar con ellos. Tanto más agradecidos estuvimos cuando alguna vez fue posible, como con el doctor Hilbert. Cuando en la clínica mi mujer trataba de acercarse a algún médico, tenía la sensación —decía con amargura— de que frente a ella padecían de paranoia: huían. En mis menos frecuentes intentos, a mí me ocurría lo mismo. Cuando insistíamos en hablar con el médico, enseguida empezaban a explicar que la relación de confianza entre el paciente y el médico no debía peligrar.

Más tarde leí con sorpresa, pensando en nuestra experiencia, una denominada *Línea de tratamiento de la esquizofrenia*, de la Sociedad Alemana de Psiquiatría y Psicoterapia, Medicina Psicosomática y Neurología (2006). En la «versión abreviada», que para mí no es nada breve y sí muy clara, dice: «Los familiares deberían ser incluidos en el tratamiento en todas las fases de la enfermedad». Yo solo puedo y quiero decir que lo que *nosotros* hemos vivido con los médicos no tiene nada que ver con esa línea de orientación. Es cierto que se publicó en 2006. Pero si los psiquiatras siguen comportándose así, faltan a los principios que se han dado ellos mismos. Y también esto: la indicación, sin duda alguna justificada, de la importancia de la confianza entre el paciente y el médico no debería ser un comodín para negarse a hablar con los familiares.

Muy diferente fue la situación con los médicos españoles, con los que tuvo relación sobre todo mi mujer, yo también un poco. Allí, en lo concerniente a la familia, hay otra tradición. El doctor Rodríguez Bueno, que en Huesca dirigía la planta de psiquiatría y al que mi mujer fue a ver enseguida, habló frecuente y detenidamente con ella e insistió en que lo llamara por teléfono desde Madrid siempre que lo creyera necesario. Y lo mismo ocurrió en el Sanatorio Esquerdo de Madrid, donde Klaus estuvo después de Huesca. Para los familiares la ayuda decisiva es, sin la menor duda, el contacto con el médico.

Durante mucho tiempo no quisimos tutela legal. Al final decidimos intentarlo. Pero en eso tampoco tuvimos ayuda alguna.

Con un juez o una jueza no se puede hablar. Se rellena una solicitud que le dan a uno en el juzgado. Allí, por una empleada, me enteré de que la persona para la que se solicita la tutela no tiene que estar de acuerdo (o sea que en determinadas circunstancias se puede poner un representante legal, aunque el representado no esté de acuerdo con esa medida), pero tiene que estar informada de que existe una solicitud de tutela y de quién la solicita. No lo critico. Pero lo cierto es que en el caso de Klaus esto habría acarreado un enorme ataque de furia, cosa que le ocurría fácilmente en su estado de delirio. Retiramos la solicitud.

En cuanto a la presión sobre los enfermos para que acepten el tratamiento con neurolépticos, el doctor Rodríguez Bueno de Huesca (aparte de que Klaus, cuando apareció ante él, estaba realmente desmoralizado) tenía una ventaja frente a los psiquiatras de Alemania. Además actuó con mucha prudencia y sensibilidad. Pero es innegable que en la alternativa ofrecida por él entre seis meses en un psiquiátrico y un neuroléptico inyectable había coacción. Y la hubo también, más claramente aún, en la clínica psiquiátrica de Friburgo, donde faltó el tono moderado, casi amistoso. Por otra parte, en Alemania, después de una resolución de la Corte Constitucional Federal, que dificulta considerablemente tal coacción, la situación ha cambiado mucho. El doctor Hilbert, director del Centro Psiquiátrico de Emmendingen, con quien hablamos varias veces, nos dijo que, dadas esas nuevas circunstancias y tal como era el caso de Klaus, ningún juez daría el visto bueno a un tratamiento forzoso.

Nos dijo por cierto también, cosa que ya no nos sorprendió, que en su clínica, no precisamente pequeña, Klaus era en aquellos momentos su caso más difícil. Estaba allí tranquilo, casi contento, pero no podía seguir así mucho más tiempo, sin verdadero tratamiento, que él rechazaba… En relación con esa resolución de la Corte Constitucional Federal, vino a instalarse la expresión «libertad para estar enfermo», garantizada por la Constitución. Pero ahí es difícil dejar de preguntar qué clase de libertad es esa si una enfermedad, como por ejemplo la —nada rara— esquizofrenia paranoide, lleva también y sobre todo a que el enfermo sea él mismo de manera muy limitada, es decir, a que sea en gran medida *no libre*. Comoquiera que sea, la inyección de depósito de Huesca devolvió a Klaus la libertad casi completamente perdida: y eso en menos de dos semanas. Klaus ha tratado con determinación este mismo tema.

Visto en retrospectiva, los psicoterapeutas y los psiquiatras me llenan de asombro. Y Klaus estuvo con muchísimos, no solo en Friburgo, y que fueran tantos formaba parte de su búsqueda delirante de alguien que lo introdujera en el «sistema» imaginado por él. Nadie le dijo con claridad (a excepción de un terapeuta de Berlín) que padecía de paranoia. Los psicoterapeutas seguían analizando, escuchando y hablando, aunque al cabo de algún tiempo tenía que haber estado claro que en un caso así las conversaciones solo daban algún resultado como acompañamiento de la medicación adecuada.

Uno de los terapeutas me permitió estar presente durante su conversación terapéutica con Klaus. Aquel hombre me gustó, parecía simpático y buena persona, solo me extrañó que, cuando Klaus se puso a hablar de los micrófonos, le indicara a él —y a mí— que él los aceptaba de momento de manera «simbólica». Para Klaus, desde luego, no eran simbólicos. Pregunto, pues: ¿no habrían debido decidir los psicoterapeutas, más pronto que tarde, que el caso de Klaus no era para ellos?

Y los psiquiatras fueron solo una ayuda transitoria. Así, sin ayudar a Klaus, esos psiquiatras aumentaron nuestra situación de impotencia, tanto más cuanto que, con alguna excepción, no teníamos ni podíamos tener contacto con ellos.

Al leer el informe sobre Klaus es posible imaginar cómo vivimos todo eso los tres, mi mujer, el hermano y yo. Y a la familia más directa se añaden, naturalmente nuestro nieto Adrian, el hijo de Stefan, los hermanos de mi mujer y los míos.

Todos sufrimos intensamente al principio, junto con Klaus, al ver que después de un comienzo muy prometedor, sus perspectivas profesionales desaparecieron rápidamente: la universidad, una perspectiva muy real, y sobre todo su trabajo, muy satisfactorio en sus comienzos, como periodista. Escribió, con rapidez y facilidad y bien y no poco, para el *Badische Zeitung* de Friburgo, empezando con críticas de conciertos de jazz, de lo que entendía mucho (era también un buen saxofonista, tocaba con amigos, también en público, en una orquesta de jazz), luego vinieron muchas reseñas de libros, después como becario en el *Frankfurter Allgemeine*, donde escribió mucho. Una vez le hizo una entrevista a Golo Mann. Este me escribió después: «Y si quiere ser de verdad periodista: ¡será uno de los mejores!».

La desaparición de esas posibilidades era una cosa, la otra, que su estado no le permitía fundar una familia: estaba el rápido y fuerte aumento de peso (antes había sido muy delgado), luego su estado de depresión, que lo dejaba paralizado y que guardaba también relación con el aumento de peso. Finalmente, le angustiaba —a él y a nosotros—, que siguiera dependiendo de nosotros, que incluso siguiera viviendo en nuestra casa; sufría por eso, mientras que Stefan, poco después del primer ingreso de Klaus en la clínica, se marchó de casa para, terminada la carrera de matemáticas, empezar su vida profesional.

La relación de Klaus con su hermano, solo un año más joven que él, estuvo y está desprovista de envidia, cosa extraña ya que, dadas las circunstancias, eso habría sido lo natural. Klaus solo sentía admiración. Pero la relación ha cambiado con la enfermedad, sobre todo porque la enfermedad cambió también a Stefan. Aún recordamos bien cómo lloraba después de una explosión de Klaus… Y para protegerse también a sí mismo, tuvo que retraerse un poco. Pero durante los viajes de Klaus, sobre todo en un caso dramático en Nueva York que Klaus menciona, intervino con todo su empeño para hacerlo regresar a casa encargando por teléfono un billete de avión, lo que fracasó finalmente, no por su culpa sino por la de un empleado. Y Klaus, incluso en medio de su delirio, ponía de relieve a su hermano cuando decía, por ejemplo, cosa que no era rara: «La familia entera me tiene completamente sin cuidado —para añadir igual de furioso— ¡Incluso Stefan!».

De niños, al estar muy cerca el uno del otro por la edad, se peleaban mucho, pero más tarde, al final de la adolescencia, se entendían estupendamente y también hacían muchas cosas juntos. Y cuando oíamos que uno de ellos se reía mucho al teléfono, mi mujer y yo sabíamos siempre que al otro extremo de la línea estaba el hermano, no la novia o quienquiera que fuese.

Ya antes del primer ingreso en la clínica todos estábamos cada vez más inquietos y preocupados. Esa enfermedad, como dice Klaus con certeras palabras, se había ido acercando sigilosamente, a paso lento, y por eso tampoco nosotros la reconocimos. Lo peor fueron los dos viajes. Unas horas después de su primera salida —que, en dirección desconocida para nosotros, nos pilló completamente por sorpresa—, recibí en mi teléfono móvil esta noticia: «Si la cosa sale mal, que Paco se quede con mi saxo. Ocupaos de Simone. Os quiero». Y luego se cortó el contacto, con el móvil no le alcanzábamos… ¿Qué hace uno entonces?

Y luego hubo, sobre todo en el segundo y largo viaje, muchos peligros evidentes. Klaus, por supuesto, que adondequiera que llegaba pronto se sentía amenazado, habría podido incluso perder la vida. La sensación de peligro, más aún cuando es patológica, lleva enseguida a la agresividad. Y a eso se añadía lo amenazador, muy objetivo en parte, de los nuevos parajes en los que Klaus se movía. «En Harlem —me confirmó, pensando en Klaus, un amigo que vive en Estados Unidos— te puede pasar fácilmente que te maten a tiros por equivocación». Klaus, sin embargo, se sintió allí durante algún tiempo bastante más seguro que en Friburgo, hasta que en Harlem también se apoderó el pánico de él.

Sin duda habría sido peligrosa la entrada en México, algo ante lo que, por suerte, retrocedió gracias al sentido de la realidad que aún le quedaba. Años antes había pasado una temporada muy buena en la costa del Pacífico en Baja California, México, pero eso ya no le influyó lo suficiente para dar el paso, que temíamos, y atravesar la frontera.

Por último, habría podido llamar la atención en cualquier momento en Estados Unidos, la policía habría podido detenerlo y llevarlo a alguna clínica psiquiátrica, lo que acarrearía (entre otras cosas) gastos incalculables. Muchas veces nos atormentaba la simple idea de que, por falta de dinero, tuviera que pasar la noche en la calle en cualquier sitio, cosa que ocurrió en efecto varias veces. En un correo electrónico desde Nueva York, del 22 de diciembre de 2013 (cuando hacía realmente un frío extraordinario) escribía: «He pasado la noche otra vez en un McDonald's y en la calle».

Queríamos, en un equilibrio difícil de mantener, que por una parte dispusiera del suficiente dinero para las necesidades inmediatas, pero por otra, no de *mucho* dinero, pues en ese caso era de temer que emprendiera más viajes, por ejemplo —¿por qué no?— a Argentina o a Brasil o a Australia. A menudo no sabíamos, cuando llevábamos días y semanas sin la menor noticia (ni llamada telefónica, ni correo electrónico, ni entrada en el blog), dónde estaba y si estaba con vida. Entonces, solo gracias a la amabilidad de una empleada de nuestra filial de la Caja de Ahorros —y a través de una llamada telefónica a Frankfurt— podíamos averiguar dónde había sacado dinero por última vez.

Sí, y luego mi mujer y yo (y en este caso, propiamente, tendría que mencionarme primero a mí) teníamos repetidas veces *un pensamiento*, que no lográbamos reprimir: ¿hemos hecho algo mal? Todos, empezando por los médicos y los libros correspondientes —escritos también por médicos— como también familiares y amigos: todos intentan quitarnos eso de la cabeza. Lo intenta uno mismo. Pero no lo logra. Nadie logra disuadirte, ni los otros ni uno mismo, y en nuestro caso tampoco Klaus, a quien esa idea le parece absurda. O desaparece, uno cree haberse librado ya de ella, y de pronto aparece de nuevo... Y, por supuesto, cuando uno recuerda, encuentra siempre esto o aquello, algo que podría haber sido una causa pero que sin embargo no permite hacer una deducción precisa. Y al final uno acaba diciendo que la cuestión es superflua porque atañe a algo que pertenece al pasado y es imposible de corregir. Y a pesar de todo: de pronto aparece de nuevo.

Debido a la enfermedad de Klaus hubo para nosotros, además de todo lo mencionado, un cambio importante: sin ella seguramente ya no viviríamos en Friburgo sino en Berlín. Porque ya tarde, cuando en el fondo casi ya no era posible (yo tenía 57 años), la universidad Humboldt, en el antiguo Berlín Oriental, gracias a la reunificación, me ofreció una cátedra. Querían allí no solo profesores nuevos y jóvenes sino algunos de larga experiencia. Mi mujer y yo habíamos acordado que primero me fuera yo solo a Berlín. Porque yo también habría podido regresar, faltaban pocos años para la jubilación... Eso estaba aún sin decidir definitivamente. Pero, cuando ingresaron a Klaus, lo supimos los dos enseguida: Berlín quedaba excluido, eso ya no era posible. Y como estaba tan claro, me resultó menos duro rechazar la oferta: pues a mí me habría gustado volver a empezar en otro sitio, y sobre todo en Berlín.

De niño, Klaus era cariñoso, amable, bondadoso, espontáneo; también Stefan, aunque de un modo distinto. En los años en los que suele haber dificultades entre padres e hijos, a los 14, 15, 16 años y un poco más adelante, su relación conmigo era bastante buena. Una vez que mi padre vino a vernos a Friburgo, me dijo de pronto, cuando hablábamos y reíamos los tres: «¡Tienes una buena relación con tus hijos!».

Con Stefan, un chico algo más distanciado de carácter, la situación siguió siendo más o menos la misma. De todos modos él, una vez terminado el bachillerato, obró con mucha sensatez, cuando se apartó de sus padres, filólogos ambos, y decidió, con gran sorpresa por nuestra parte, estudiar matemáticas. Habría podido ser también, de eso no cabe la menor duda, un excelente filólogo, también, seguramente, un buen jurista. A mí, lo de las matemáticas me pareció bien desde el principio.

Klaus, en cambio, lector incansable desde que aprendió a leer, tendía casi automáticamente, como lo describe él mismo, a la filología y a la historia. A los veintipocos años empezó a tener problemas conmigo y yo con él. Pero ya se acercaba entonces poco a poco, me digo a mí mismo ahora, la enfermedad. Y digo esto en realidad solo porque *ahora*, pasado tanto tiempo, después de haber desaparecido los síntomas, en el fondo la relación entre los dos es otra vez igual que cuando él tenía 15 años: claro, si se prescinde de que él y yo tenemos una buena cantidad de años más que entonces. Y ahora son esos treinta años exactos lo que hay entre él y yo: lo que hubo siempre, desde el principio. Y esto ya entra en el terreno de lo normal.

APÉNDICE
CUMPLIMIENTO E *INCUMPLIMIENTO*
DEL PACIENTE ESQUIZOFRÉNICO

Aunque ya he mencionado varias veces este tema, quiero tratar aquí de modo resumido el problema del *incumplimiento* de muchos pacientes psiquiátricos. Porque me parece que ese es el problema esencial en el tratamiento de tales enfermedades, un problema que a menudo lleva a los pacientes (y con ello también a los médicos) al fracaso.

En medicina se habla de *cumplimiento* (del inglés *compliance*) del paciente: concepto que abarca la cooperación y participación de este en el marco de la terapia. Buen *cumplimiento* significa seguimiento riguroso y consecuente de las instrucciones dadas por el médico. Es de singular importancia en los enfermos crónicos. Abarca la toma de medicamentos, el seguimiento de una dieta o el cambio de estilo de vida.

El número de pacientes sin *cumplimiento* es especialmente elevado en neurología y psiquiatría. En pacientes con esquizofrenia, depresión, epilepsia o esclerosis múltiple, la media es del 50 %. Según informes de la clínica psiquiátrica de la Universidad Técnica de Múnich se podría evitar uno de cada dos ingresos en una clínica psiquiátrica si los pacientes no prescindieran por propia cuenta de sus psicofármacos. Yo tampoco habría estado ingresado —entre 2010 y 2014— dos veces en el Centro Psiquiátrico de

Emmendingen y una vez en el Hospital San Jorge de Huesca, si hubiera tomado con regularidad mis 4 miligramos de Risperdal.

Desde el punto de vista biológico, la esquizofrenia es una enfermedad metabólica del cerebro, del mismo modo que la diabetes es una enfermedad metabólica de todo el cuerpo. En la esquizofrenia ocurre una secreción excesiva de determinados transmisores (denominados neurotransmisores) encargados del intercambio de información entre las células del cerebro. Esa excesiva secreción de neurotransmisores lleva a los típicos cambios en el pensar y el sentir, y en el comportamiento de los enfermos. Al parecer desempeñan un papel fundamental el transmisor dopamina («hipótesis de la dopamina») y también el transmisor glutamato («hipótesis del glutamato»).

Ahora bien, una razón decisiva para el *incumplimiento* de muchos pacientes esquizofrénicos son los medicamentos de los que hoy se dispone, los llamados neurolépticos o antipsicóticos, que tienen, casi sin excepción, efectos secundarios como cansancio crónico, pérdida parcial o total de la líbido y un con frecuencia gran aumento del apetito.

El efecto de los antipsicóticos, evidentemente, es distinto en cada individuo. Cada paciente reacciona de manera distinta a un determinado medicamento. Lo que ayuda a uno, al otro le ayuda poco o nada. Y lo que provoca fuertes efectos secundarios en un paciente, en el otro puede tener efectos secundarios insignificantes. Por eso, en la clínica o en la terapia ambulatoria, es esencial probar pacientemente con los medicamentos. Y sin embargo, por mi propia experiencia y por los numerosos contactos con otros afectados por la esquizofrenia sé que la mayor parte de ellos sufren, y algunos en muy alto grado, bajo los efectos secundarios. Algunos, por ejemplo, tienen un enorme sobrepeso y han de luchar con las enfermedades que de ello se derivan, como la diabetes. No son casos aislados; los he visto a menudo.

El síndrome más temido, cuando hay un uso crónico de neurolépticos, es la disquinesia tardía. Quien ha estado en una clínica psiquiátrica ha visto a esos pacientes, por lo general ya mayores, que han sido tratados sobre todo con neurolépticos típicos, como Haldol. Presentan trastornos del movimiento, por lo general irreversibles: a menudo en la zona facial (temblores) y en la región bucolingual, o movimientos involuntarios de las extremidades (hiperquinesia). En cuanto a los neurolépticos atípicos, como Risperdal, que yo he tomado también mucho tiempo, se da por seguro que producen disquinesia tardía con mucha menos frecuencia. Además, con el mismo buen resultado sobre los síntomas positivos, son de mayor efectividad que los neurolépticos típicos frente a los síntomas negativos de la psicosis (apatía, depresión, etc.). Sin embargo, también en los neurolépticos atípicos existe el riesgo de disquinesias tardías.

Para volver a mi caso personal: aun tomando Risperdal, me quedaron siempre varios síntomas residuales. ¿Por qué estoy ahora libre de síntomas? No hay explicación. El Xeplion que me recetaron en los últimos dos años es un metabolito de Risperdal que se aplica en forma de inyección de depósito. Desde hace unos meses, en lugar de Xeplion, tomo Abilify. También con esa medicación estoy libre de síntomas. Pero por qué es ahora así, mientras que en el pasado ninguno de los medicamentos que recibía lograba eliminar los síntomas, eso no está claro.

Lo único cierto es que muchos esquizofrénicos, a pesar de tomar antipsicóticos, tienen síntomas residuales. Estos son a veces tan considerables que los afectados están discapacitados crónicamente por sus ideas delirantes. Conozco algunos de esos casos.

Por tanto, si se quisiera incrementar de manera efectiva el *cumplimiento* de los pacientes esquizofrénicos, mi primera demanda a la industria farmacéutica sería que proporcione medicamentos libres de efectos secundarios, en el mayor grado posible, y al mismo tiempo realmente efectivos. Sé muy bien que tales medicamentos no se improvisan de la noche a la mañana. El desarrollo de un medicamento hasta su aprobación oficial puede costar sumas enormes, a veces más de mil millones de euros. Pero el mercado potencial para los antipsicóticos es grande. Y al menos en los países más ricos del mundo, los seguros de enfermedad están en situación de cubrir los gastos correspondientes. A eso se añade que incluso los antipsicóticos muy caros siguen siendo menos gravosos para la seguridad social y para los seguros privados que las repetidas estancias en clínicas de los enfermos que rechazan el tratamiento. Por eso, si se tiene en cuenta precisamente la repercusión económica en la sociedad, unos medicamentos libres —lo más posible— de efectos secundarios y verdaderamente efectivos serían sin lugar a dudas un gran logro.

Hay, sin embargo, otras razones por las que los pacientes esquizofrénicos rechazan a menudo el *cumplimiento*. En Alemania, una razón importante es la estructura de la asistencia médica. Los seguros de enfermedad dan un trato de favor a las clínicas psiquiátricas frente a la asistencia ambulatoria. La estancia en una clínica es costosa, pero los seguros pagan sin rechistar, si esa estancia les parece necesaria. Mucho más insuficiente es la asistencia médica ambulatoria. El paciente está hospitalizado durante la fase aguda de su esquizofrenia. Cuando ha remitido esa fase aguda, pasa a la asistencia ambulatoria. Las esquizofrenias son enfermedades crónicas que por lo general requieren medicación de por vida. El psiquiatra que pasa consulta asume, por tanto, la parte principal del tiempo que dura el tratamiento. Sin embargo, la mayor parte de los enfermos de esquizofrenia ven a su psiquiatra por lo general una vez al mes durante un máximo de 20 minutos. Así ha sido también en mi caso. No están previstas conversaciones más largas, que sería lo ideal —más aún, que serían necesarias—. Sin duda el paciente puede recurrir a un psicoterapeuta, para tener esas conversaciones. Pero los tiempos de espera suelen ser largos, y los psicoterapeutas, por lo general, no están muy versados en medicamentos y en los fundamentos biológicos de la esquizofrenia. Ahí sigue habiendo un desequilibrio con el que habría que acabar. Sería importante que los pacientes esquizofrénicos tuvieran la posibilidad de sostener conversaciones largas e intensas en la consulta del psiquiatra. Este es el verdadero especialista de esa enfermedad y, después del tratamiento de corta duración en la clínica durante la fase aguda, es él quien ha de realizar el trabajo de convencer al enfermo para que siga medicándose con regularidad.

Otra razón del *incumplimiento* es la manera como en muchos casos se aplica en las clínicas el primer tratamiento. Yo mismo soy un ejemplo paradigmático de ello: un tratamiento forzoso por vía rápida, ordenado desde arriba autoritariamente y sin rastro de empatía. Si ocurre algo así, está programado el rencor permanente y la rebelión del enfermo contra el sistema psiquiátrico. También por mis propios contactos con otros afectados sé que el primer tratamiento en la clínica es a menudo traumático para el esquizofrénico, simplemente porque los médicos no tienen ni tiempo ni paciencia. En esto no soy, en verdad, un caso aislado. En la clínica, por lo general, todo tiene que hacerse deprisa. Los médicos y los enfermeros están sobrecargados y, no pocas veces, también insensibilizados, por verse confrontados durante años con la desdicha de sus pacientes. Mucho más que hasta ahora habría que procurar que precisamente el primer tratamiento de la esquizofrenia en las clínicas se dé con comprensión, con mucho tiempo y con paciencia. El enfermo se ve confrontado por primera vez con la trayectoria vital que le aguarda. Se trata entonces de, con sensibilidad y respeto, disponerlo y prepararlo para ello, también mediante los cursos de psicoeducación que se ofrecen ahora de modo sistemático. A pesar de esa perspectiva, el paciente ha de abandonar la clínica con la sensación de ser un miembro de la sociedad perfectamente válido a quien le queda, a pesar de su grave padecimiento, una perspectiva profesional y social digna y adecuada.

Con esto estamos ya frente a una razón más del *incumplimiento*: la sociedad que despoja con demasiada frecuencia al paciente de la perspectiva profesional y social adecuada. Eso ya empieza casi siempre en la clínica, como en 1994 en mi caso, cuando una médica auxiliar subalterna recomendó a mis padres una clínica de rehabilitación en la que me prepararían para una actividad manual.

La médica les dijo también enseguida, cosa realmente innecesaria, que el periodismo no entraba en consideración para mí. Mientras los esquizofrénicos, en calidad de discapacitados, se vean remitidos a los correspondientes talleres o al «segundo mercado del trabajo» o arrinconados en la jubilación o en la renta básica, precisamente a los de más talento o con mejor formación les resultará más duro aceptar su destino. Que los afectados por la esquizofrenia queden apartados en sus años de juventud del mercado laboral, aunque la enfermedad o la medicación a menudo no dañan en absoluto la inteligencia del paciente, es un hecho que, sin ninguna duda, evidencia la incapacidad de nuestra sociedad. No pocos enfermos, confrontados con esa estigmatización, reaccionan rebelándose y rechazando el diagnóstico recibido.

Otra razón del *incumplimiento* reside en la misma enfermedad e incluye el problema de los medicamentos y de la estigmatización de los pacientes: el delirio del paciente es también a menudo la huida de una realidad percibida como opresiva. Así me ocurrió a mí: en el delirio era un bloguero activo a nivel global y naturalmente una figura relevante en el entramado político-social alemán, hasta tal punto importante que me atraje el enojo de Angela Merkel y de Wolfgang Schäuble. En la vida real, bajo el efecto de los medicamentos, era solo un esquizofrénico cargado de kilos, que vivía en casa de sus padres y no tenía la menor perspectiva profesional seria y solo muy limitadas perspectivas sociales. Si se quiere evitar que el paciente busque refugio en el delirio, que al menos para mí tenía un lado satisfactorio y gratificante, habría que ofrecerle perspectivas razonables en la realidad profesional y social. Tampoco habría que dejarlo a solas con todos esos efectos secundarios, como me ocurrió a mí, sino que se tendrían que ofrecer alternativas medicamentosas y otros posibles recursos. Hoy existen algunas opciones, por ejemplo en el tratamiento de la adipositas, que comprenden no solo la clásica dieta, sino incluso opciones quirúrgicas (balón intragástrico, banda gástrica, gastroctomía). Comentar esas alternativas y otras posibles soluciones debería formar parte del tratamiento de las esquizofrenias. Yo tenía muchas veces la sensación de que los psiquiatras no querían hablar de los efectos secundarios de los medicamentos y de que, en su opinión, no me quedaba sino conformarme, lo mismo que no pocos ciudadanos medios piensan que he de aceptar la imagen negativa de la esquizofrenia con su estigmatización. Pero con tal actitud solo se arrastra a los afectados al *incumplimiento*, al delirio y, en último término, a la negación de la enfermedad. Solo cuando la esquizofrenia sea una enfermedad con buenas posibilidades de tratamiento y el enfermo no se convierta en un proscrito social, los pacientes aún accesibles al sentido común renunciarán a la rebelión y dejarán de refugiarse en el delirio y de permanecer en él.

BIBLIOGRAFÍA[*]

Psiquiatría y psicología

ALANEN, Y.O., *Esquizofrenia. Su origen y el tratamiento adaptado a las necesidades*, Madrid, Fundación para la Investigación y el Tratamiento de la Esquizofrenia y otras Psicosis, 2004.

—, GONZÁLEZ DE CHÁVEZ, M., SILVER, A.-L. y MARTINDALE, B., *Abordajes psicoterapéuticos de las psicosis esquizofrénicas. Historia, desarrollo y perspectivas*, Madrid, Fundación para la Investigación y el Tratamiento de la Esquizofrenia y otras Psicosis, 2008.

BLOCH THORSEN, G.-R., GRÖNNESTAD, T. y ÖXNEVAD, A.L, *Trabajo familiar y multifamiliar en las psicosis*, Barcelona, Herder, 2009.

CULLBERG, J., *Psicosis. Una perspectiva integradora*, Madrid, Fundación para la Investigación y el Tratamiento de la Esquizofrenia y otras Psicosis, 2006.

GEEKIE, J. y READ, J., *El sentido de la locura. La exploración del significado de la esquizofrenia*, Barcelona, Herder, 2012.

HERNÁNDEZ ESPINOSA, V., *Las psicosis. Sufrimiento mental y comprensión psicodinámica*, Barcelona, Herder, 2013.

JOHANNESSEN, J.O., MARTINDALE, B.V. y CULLBERG, J. (eds.), *Evolución de*

* Esta bibliografía fue elaborada a partir de la edición original alemana de este libro y complementada con referencias seleccionadas de la extensa bibliografía de J.L. Tizón, *Entender las psicosis*, Barcelona, Herder, 2013. *(N. del E.)*

las psicosis. *Diferentes fases, diferentes tratamientos*, Barcelona, Herder, 2008.

MARTINDALE, B., BATEMAN, A., CROWE, M. y MARGINSON, F. (eds.), *Las psicosis. Efectividad de los tratamientos psicológicos*, Barcelona, Herder, 2009.

MORRISON, A.P., RENTON, J.C., FRENCH, P. y BENTALL, R., *¿Crees que estás loco? Piénsalo dos veces*, Barcelona, Herder, 2011.

READ, J., MOSHER, L.R. y BENTALL, R.P. (eds.), *Modelos de locura*, Barcelona, Herder, 2017.

— y DILLON, J. (eds.), *Modelos de locura II*, Barcelona, Herder, 2017.

TIZÓN, J.L., *Psicoanálisis, procesos de duelo y psicosis*, Barcelona, Herder, 2007.

—, *Entender las psicosis*, Barcelona, Herder, 2013.

—, *Familia y psicosis*, Barcelona, Herder, 2013.

Medicamentos e industria farmacéutica

ANGELL, M., *La verdad acerca de las industrias farmaceuticas*, Bogotá, Norma, 2006.

BENTALL, R., *Medicalizar la mente. ¿Sirven de algo los tratamientos psiquiátricos?*, Barcelona, Herder, 2011.

MONCRIEFF, J., *Hablando claro. Una introducción a los fármacos psiquiátricos*, Barcelona, Herder, 2013.

TIZÓN, J.L., *Medicaliza, que algo queda*, Madrid, El Hilo, 2019.

WEISS, H., *Korrupte Medizin: Ärzte als Komplizen der Konzerne*, Colonia, Kiepenheuer & Witsch, 2010.

WHITAKER, R., *Anatomía de una epidemia. Medicamentos psiquiátricos y el asombroso aumento de las enfermedades mentales*, Madrid, Capitan Swing, 2018.

WITTIG, F., *Die Weiße Mafia: Wie Ärzte und die Pharmaindustrie unsere Gesundheit aufs Spiel setzen*, Múnich, Riva, 2015.

Tratamientos forzados y normativa

Asociación Española de Neuropsiquiatría, *Coerción y salud mental*, Madrid, AEN, 2017.

Breustedt, M., *Gesetzgebung und Praxis psychiatrischer Zwangsmaßnahmen in Europa – Die «Methode der offenen Koordinierung» als Gestaltungsinstrument europäischer Harmonisierungsprozesse*, Bruselas, Comisión Europea, 2006.

Henking, T. y Vollmann, J. (eds.), *Zwangsbehandlung psychisch kranker Menschen*, Berlín, Springer, 2015.

Knapp, M., McDaid, D., Mossialos, E. y Thornicroft, G., *Salud mental en Europa: políticas y práctica. Líneas futuras en salud mental*, Madrid, Observatorio Europeo de Políticas y Sistemas Sanitarios, 2007.

Ramos Montes, J., *Ética y salud mental*, Barcelona, Herder, 2018.

Salize, H.J., Dressing, H. y Peitz, M., *Compulsory Admission and Involuntary Treatment of Mentally Ill Patients. Legislation and Practice in EU-Member States*, Bruselas, Comisión Europea, 2002.

Zinkler, M., Laupichler, K. y Osterfeld, M. (eds.), *Prävention von Zwangsmaßnahmen: Menschenrechte und therapeutische Kulturen in der Psychiatrie*, Colonia, Psychiatrie Verlag, 2016.

Trastornos mentales y estigma

Balasch, M., Caussa, A., Faucha, M. y Casado, J., *La percepción de la salud mental en Cataluña*, Barcelona, Apunts, 2016.

Finzen, A., *Stigma psychische Krankheit: Zum Umgang mit Vorurteilen, Schuldzuweisungen und Diskriminierungen*, Colonia, Psychiatrie Verlag, 2013.

Goffman, E., *Estigma. La identidad deteriorada*, Amorrortu, Buenos Aires, 2003.

Muñoz, M., Pérez Santos, E., Crespo, M. y Guillén M.I., *Estigma y enfermedad mental. Análisis del rechazo que sufren las personas con enfermedad mental*, Madrid, Editorial Complutense, 2009.

Biografías y autobiografías

Barnes, M. y Berke, J., *Viaje a través de la locura*, Barcelona, Martínez Roca, 1985.

Burke, R.D., *When the Music's over. My Journey into Schizophrenia*, Nueva York, Basic Books, 2001.

Frame, J., *Un ángel en mi mesa*, Barcelona, Seix Barral, 2009.

Greenberg, M., *Hacia el amanecer*, Barcelona, Seix Barral, 2009.

Jackson, M. (J. Magagna, ed.), *Creatividad y estados psicóticos en personas excepcionales*, Barcelona, Herder, 2017.

Nasar, S., *Una mente prodigiosa*, Barcelona, Debolsillo, 2016.

Schiller, L. y Bennett, A., *The quiet room. A journey out of the torment of madness*, Nueva York, Grand Central Publishing, 2011.

Sutherland, S., *Breakdown. A Personal Crisis and a Medical Dilemma*, Oxford, Oxford University Press, 1988.

Vonnegut, M., *The Eden Express. A Memoir of Schizopherenia*, Nueva York, Seven Stories Press, 2002.

Williams, P., *El quinto principio. Experiencias de lo innombrable*, Barcelona, Herder, 2014.

Documentales

1% esquizofrenia (dir. Ione Hernández), España, 2006.

Raum 4070/Psychosen verstehen (dir. Jana Kalms y Torsten Striegnitz), Alemania, 2007.

Una cierta verdad (dir. Abel García Roure), España, 2008.

Schnupfen im Kopf (dir. Gamma Bak), Alemania/Hungría, 2010.
Nicht alles schlucken/Leben mit Psychopharmaka (dirs. Piet Stolz, Jana Kalms y Sebastian Winkels), Alemania, 2015.

Películas

Clean, Shaven (dir. Lodge Kerrigan), Estados Unidos, 1993.
Angel Baby (dir. Michael Rymer), Australia, 1995.
Shine, el resplandor de un genio (dir. Scott Hicks), Australia, 1996.
El sonido blanco (dir. Hans Weingartner), Alemania, 2001.
Una mente maravillosa (dir. Ron Howard), Estados Unidos, 2001.
Spider (dir. David Cronenberg), Canadá/Reino Unido, 2002.
Canvas (dir. Joseph Greco), Estados Unidos, 2006.
El solista (dir. Joe Wright), Reino Unido/Estados Unidos/Francia, 2009.
Cisne negro (dir. Darren Aronofsky), Estados Unidos, 2010.
Hirngespinster (dir. Christian Bach), Alemania, 2014.

Sitios web de interés

ASOCIACIÓN ESPAÑOLA DE NEUROPSIQUIATRÍA: www.aen.es
CONFEDERACIÓN SALUD MENTAL ESPAÑA: www.consaludmental.org
FEDERACIÓN ESPAÑOLA DE ASOCIACIONES DE PSICOTERAPEUTAS: www.feap.es
HEALING HOMES: www.healinghomes.com
INTERNATIONAL SOCIETY FOR PSYCHOLOGICAL AND SOCIAL APPROACHES TO PSYCHOSIS: www.isps.org
CRITICAL PSYCHIATRY: www.criticalpsychiatry.co.uk
FEDERACIÓN EUROPEA DE LAS ASOCIACIONES DE FAMILIARES DE PERSONAS CON TRASTORNOS MENTALES: www.eufami.org